인생 전략을 위한
전쟁 이야기

인생 전략을 위한 전쟁 이야기

© 안계환 2023

인쇄일 2023년 5월 23일
발행일 2023년 5월 30일

지은이 안계환
펴낸이 유경민 노종한
책임편집 이현정
기획편집 유노북스 이현정 함초원 **유노라이프** 박지혜 장보연 **유노책주** 김세민
기획마케팅 1팀 우현권 **2팀** 정세림 유현재 정혜윤 김승혜
디자인 남다희 홍진기
기획관리 차은영
펴낸곳 유노콘텐츠그룹 주식회사
법인등록번호 110111-8138128
주소 서울시 마포구 월드컵로20길 5, 4층
전화 02-323-7763 **팩스** 02-323-7764 **이메일** info@uknowbooks.com

ISBN 979-11-92300-64-1(03190)

인생 전략을 위한

전쟁 이야기

안계환 지음

유노
북스

"평화를 원하거든 전쟁을 대비하라."

플라비우스 베게티우스 레나투스

3,000년 전쟁사에서 배우는
자기 경영 비책

내가 대학에 다니다가 군에 입대한 후 첫 휴가를 다녀오면서 책을 한 권 골랐다. 평소 읽고 싶었지만 기회가 없었던 책, 그것은 바로 혜로도토스의 《역사(Historia)》였다. 무려 1,000여 페이지나 되는 말하자면 벽돌 책이다. 그렇게 내무반의 관물대 상단에 놓인 후부터 지금까지 나의 삶과 함께하는 책이 되었다. 나는 왜 그렇게 이 책이 좋았을까?

우선 내용이 재미있었기 때문이다. 42.195킬로미터를 뛰는 마라톤의 유래가 되었다는 마라톤 평원의 싸움, 무려 300만 명이 넘는 페르시아 대군이 테르모필레를 지나 아테네로 쳐들어왔던 전쟁 이야기는 언제 들어도 흥미롭다. 할리우드에서는 〈300〉이란 제목을 단 영화가 제작되어 대 히트를 치기도 했다.

　저자가 서문에서 밝힌 것처럼 이 책은 그리스와 페르시아 사이에 벌어진 전쟁의 전모를 밝히기 위해서 쓰였다. 말하자면 전쟁을 다룬 역사서이면서 전반부에는 여러 지역에 대한 소개가 담긴 여행서이기도 하다. 그가 여행했다는 장소들을 세계 지도에 그려 보면 당시 사람들의 선진국 여행 코스가 어디였는지를 알게 되어 매우 흥미롭다. 이오니아에서 지중해 동부를 거쳐 이집트까지, 그리고 나일강 상류 탐사도 하고 아테네에서 강사로 데뷔하기까지… 역사와 지도를 좋아하는 내게 잘 읽힐 수밖에 없다.

　헤로도토스와 비교되는 또 한 명의 인물은 아테네 귀족 출신 투키디데스다. 그는 외국인이었던 헤로도토스에 비해 아테네인이고, 그가 쓴 《펠로폰네소스 전쟁사》는 헤로도토스의 책이 온갖 잡다한 이야기를 담고 있는 데 비해 엄밀한 필체를 사용해 역사가들에게 칭송받는다. 이 책도 본래의 이름이 《히스토리아》였지만 앞의 책과 구별하기 위해 전쟁사가 되었듯이 진짜 전쟁 이야기만 온전히 말하고 있다.

　이 책에 관련한 유명 단어가 '투키디데스 함정(Thucydides Trap)'이다. 기존 패권자가 있는 상태에서 신흥국이 등장했을 때 두 세력 간에는 전쟁이 일어날 수밖에 없다는 의미다. 페르시아가 그리스로 쳐들어왔을 때에는 스파르타 중심의 그리스 연합이 있었지만 이후 아테네가 델로스 동맹의 맹주가 되었고 신흥 패권자가 되었다. 결국 구세력 스파르타와 신흥국 아테네는 전쟁을 벌일 수밖에 없었고 이것이 펠로폰네소스 전쟁이 되었다.

미국 하버드대학교 벨퍼 국제문제연구소장을 지낸 정치학자 그레이엄 앨리슨은 저서 《예정된 전쟁(Destined for War)》에서 지난 500년 간 지구에서 발생한 투키디데스 함정은 총 16차례였고 그중 12차례가 전면전으로 이어졌다고 설명했다.

인류 역사는 전쟁으로 점철된다. 우리가 배우는 역사 기록의 상당 부분이 전쟁 이야기여서 그렇게 느낄 것이다. 알렉산드로스가 페르시아로 동방 원정을 떠나면서 하게 된 수많은 전쟁, 로마가 지중해의 패권자로 등장하면서 주변 세력과 벌인 수많은 전쟁 사례를 보면서 역사를 이해할 수밖에 없다. 장구한 중국 역사를 들여다보면 중원 제국과 북방 유목민이 치열한 전쟁을 치르면서 분열과 통일의 역사를 이어 왔다는 것을 알게 된다.

그렇다면 전쟁은 왜 일어나는 것일까? 전쟁은 영토나 자원을 두고 이웃 나라끼리 다투는 과정에서 대부분 발생한다. 내부의 부족한 재화를 충당하려면 무역을 하든지 남의 것을 빼앗아 오면 된다. 무역이라는 좋은 방법이 있지만 서로 힘의 균형이 맞아야 한다. 이것이 깨지면 전쟁은 필연적으로 일어난다. 전쟁을 해서 이기면 땅이 늘어나고 막대한 전리품을 얻을 수 있기에 이것이 국가 경제에 큰 도움이 되었다. 로마 제국이 전쟁을 벌이고 확장할 때에는 재화가 부족하지 않았다. 하지만 확장이 멈추는 순간부터 몰락이 시작되었다. 초원 지대에 살던 유목민은 그들이 필요로 하는 곡식이나 철기를 얻기 위해 정기적으로 외부 원정을 떠났다. 그들이 가진 강력한 무력은 농업 지역에서 생산한 물품들을 수월하게 획득할 수 있도록 해 줬다. 때로는 다른 지역으로 확장 및 이주하면서 제국을 세우기도 했다.

전쟁은 목숨을 건 생존 투쟁이기도 했다. 만약 전쟁에서 진다면 모두 다 죽거나 살아남더라도 재산을 잃어버리고 노예가 될 수 있었다. 따라서 전쟁은 무조건 이겨야 한다. 그래야 내 목숨을 보전하고 가족과 재물도 안전하게 지킨다.

전쟁에 이기려면 어떻게 해야 하는가? '부국강병(富國强兵)'. 나라를 부유하게 만들고 군대를 강하게 해야 한다. 전쟁을 치를 수 있는 재물과 식량 등 국력 확보가 우선이다. 또한 기존에 없던 새로운 전술도 필요하고 새 무기도 미리미리 준비해 두어야 한다. 전쟁터까지 식량과 물자 등이 제때 공급되지 않으면 군인들은 싸울 수 없다. 실제 전투 현장에서는 리더의 역할이 가장 크다. 보병, 기병, 궁병을 어떻게 배치하고 어떻게 움직이느냐에 따라 승리가 결정된다. 지형지물을 적절하게 이용할 줄 알아야 하고 병사들의 사기를 고양해야 한다.

경영학 용어의 상당수가 전쟁에서 왔듯이 전쟁 사례는 조직 경영과 관련성이 높다. 전략, 혁신, 마케팅, 물류, 인사 조직 등등 모두 군대에서부터 시작해 현대의 기업에 적용되었다. 전쟁의 승리법과 기업 경영의 성공법이 다르지 않다. 과거의 리더로부터 배울 것도 많다. 알렉산드로스, 한니발, 카이사르 등 압도적인 승리를 거둔 리더들에게서 그들의 용감함, 솔선수범과 전략·전술 수행 능력을 배울 수 있다. 로마의 파비우스에게서는 강한 상대를 만났을 때 승리를 거두기 위해서 어떻게 버텨야 하는지 배울 수 있다. 패배한 장수에게서도 배울 점이 있다. 성급하게 준비 없이 시작해 죽음을 자초한 크라수스, 상관의 명령을 아무 생각 없이 따른 카디건 경은 생각할 거리를 준다.

내 땅의 전쟁은 참혹하지만 과거에 일어난 전쟁 이야기는 재미있다. 여기에 경영에서도 개인의 인생 전략에서도 쓰일 만한 교훈이 있다. 가볍게 읽고 다른 이에게 전달할 기회가 있다면 흥미로운 이야깃거리의 하나로 활용할 수도 있을 것이다.

2장 상황을 지배하라 동북아 전쟁 편

3장 전략을 실현하라 서양 중세 이후 전쟁 편

· 1장 ·

사람을
간파하라

고대 전쟁 편

절대 강자도
절대 약자도 없다

다윗과 골리앗의 싸움

기원전 1000년경

저는 이미 아버지의 양을 지킬 때 사자나 곰이 와서 양떼에게서 새끼를 죽이려 하면 그것들을 능히 쫓아낸 경험이 있나이다.

-다윗

기원전 11세기 어느 날, 바다의 사람들이라고 불리던 블레셋인이 지중해 동부 지역에 침입했다. 그들은 북방에서 내려온 도리스인의 침공을 피해 남쪽으로 피난하는 중이었다. 그들 중 일부가 팔레스타인 지역에 상륙했고 그곳에 살던 민족들과 전쟁을 벌였다.

블레셋인은 유다에 속한 엘라 골짜기로 들어와 진을 쳤다. 지도자 사울과 이스라엘 사람들은 이들을 막기 위해 반대편 계곡에 집결해 대치했다. 대치가 계속되었지만 어느 편도 계곡을 건너 상대편을 공략하지 못했다. 그렇게 한다면 공격 측에서 상당한 병력 손실이 예상되기 때문이었다.

오랜 시간이 흐른 후 블레셋 측에서 한 전사가 나와 싸움을 돋우기 시작했다. '골리앗'이라 불리는 이였다. 그는 키가 2미터가 넘었다. 미늘 갑옷을 입고 머리에는 투구를 썼다. 어깨에 던지는 창을 메고 손에 긴 창을 들었다. 그 앞에는 방패를 든 보조병이 함께 하고 있었다.

사울과 이스라엘 군대는 골리앗의 위세에 눌려 감히 아무도 나서려 하지 않았다. 이때 전투에 참전한 형들에게 식사를 나르러 다윗이라는 소년이 왔다. 그는 적진에서 골리앗이 소리치고 있는데도 아무도 나서지 않는 것에 의문이 들었다. 그래서 사울에게 나아가 자신이 전투에 나서겠다고 말했다.

사울은 말렸다. '너는 양을 치는 소년 아니더냐? 네가 어찌 저런 용사와 싸우겠느냐'고 말이다. 하지만 소년 다윗은 자신이 양을 치며 갈고닦은 실력이 있으니 믿어 보라고 말했다. 사울은 마지못해 싸움을 허락하면서 자신이 입던 투구와 갑옷을 건넸다. 하지만 다윗은 몸에 맞지 않는다며 사양하고 막대기 하나를 들고 골리앗과 맞서기 위해 나섰다. 그 결과는 어찌 되었을까?

다윗은 엄청난 속도로 물매를 돌려 골리앗의 이마에 명중하고 현장에서 기절시켰다. 그리고 달려가 골리앗의 칼을 빼앗아 목을 자르고 전리품을 갖고 돌아왔다. 그러자 블레셋 군대는 사기가 떨어져 도망치기 바빴고 사울의 군대는 이를 쫓아가 수많은 적병을 베거나 포로로 삼았다.

서로 다른 입장을
돌파구로 바꾼 다윗

이는 구약 성경 사무엘상 17장에 실려 있는 다윗의 등장 이야기다. 흔히 '다윗과 골리앗'은 거대하고 힘 있는 자를 이기는 다윗의 용기를 칭찬하는 내용으로 알려져 있다. 골리앗은 계란으로 바위 치기처럼 전혀 이길 수 없는 상대인데 다윗이 용기가 많아서 이겼다는 것으로 말이다. 아니면 하나님을 섬기는 다윗을 성령이 도와주어서 불가능을 가능케 했다고 말이다.

다윗은 이미 알고 있었다. 골리앗과 자신은 처한 입장이 달라 맘먹은 대로 싸우면 충분히 이길 수 있다고 말이다.

고대에는 세 가지 병종이 있었다. 첫 번째는 가장 많은 수를 차지한 보병이다. 이들은 갑옷으로 중무장을 하고 던지는 창과 찌르는 창, 그리고 짧은 칼을 들었다. 싸움이 벌어지면 방패를 앞세우고 집단 대형으로 전투에 임했다. 두 번째는 기병이다. 전차를 타거나 말을 타고 적을 혼란시키거나 패주하는 적을 쫓아가는 역할을 했다. 세 번째는 발사병이다. 그들은 활을 쏘는 궁수와 돌을 던지는 투석병으로 구성되었다. 이들은 가벼운 갑옷을 입고 보병 뒤에 숨어서 상대편을 공격하는 역할을 했다. 보병, 기병, 발사병 이들 세 병종은 가위바위보같이 물고 물리는 관계였다. 창을 든 보병은 말을 타고 전진하는 기병에 강했다. 기병은 발사병을 공격할 수 있었으며 발사병은 보병을 꼼짝 못하게 만들 수 있었다.

다윗이 군인이라면 투석병이고 물매를 돌려 적을 공격하는 임무를 맡는다. 이는 엄청난 훈련을 필요로 했지만 그 힘이 강력했다. 35미터 거리에서 초속 34미터(시속 122킬로미터)로 돌을 쏘아 적의 이마를 맞출 수 있었다. 그런 상황에서 엄청난 장비와 갑옷을 착용한 골리앗은 움직일 수 없는 목표물과 같았다. 골리앗이 "내게로 오라!"라고 외친 것처럼 그는 적이 다가오지 않으면 싸움을 할 수 없었다.

만약 골리앗이 원하는 대로 싸움을 한다면 당연히 승리는 골리앗의 차지였다. 하지만 다윗은 상대가 원하는 싸움을 할 생각이 전혀 없었다. 가까이 접근할 필요도 없이 적당한 거리에서 적의 급소만 공격하면 결과는 끝이었다. 어쩌면 이러한 상황을 인식하지 못한 골리앗의 잘못이 매우 컸다.

성령이 도와줘서, 어쩌다 운이 좋아서 다윗이 이긴 게 아니다. 계곡을 사이에 두고 두 부대가 대치한 상황, 적은 아군보다 보병이 강력하다. 이럴 때는 투석병과 궁병의 역할이 매우 중요해진다. 넓은 평원에서는 보병과 강력한 기병대의 역할이 가장 크지만 계곡이 있으니 궁병과 투석병이 쏘는 무기를 사용할 수 있다. 다윗은 투석병이기 때문에 골리앗을 물리칠 수 있었다.

삶이란 다른 이들과의 경쟁의 연속이다. 어떤 때는 만만해 보이는 상대를 만나고 또 어떤 때는 강력한 이와 겨루어야 한다. 이때 겉모습만 보고 상대가 강하다고 짐작하고 지레 위축될 필요가 없다. 약해 보인다 해도 약자가 아니고 강해 보인다고 강자가 아니다. 누구나 상대를 이길 강점이 있고, 적을 물리칠 묘책을 찾아낼 수 있다. 자신에게 주어진 적절한 상황을 잘 이용하고 강점을 활용한다면 승리의 기회는 얼마든지 찾아오는 법이다.

기여할 만한
이익과 명분을 공유하라

트로이 전쟁
기원전 1200년경

노래하소서, 여신이여! 펠레우스의 아들 아킬레우스의 분노를, 아카이아족에게 헤아릴 수 없이 많은 고통을 가져다주었으며 숱한 영웅들의 굳센 혼백들을 하데스에게 보내고 그들 자신은 개들과 온갖 새들의 먹이가 되게 한 그 잔혹한 분노를! 인간의 왕인 아트레우스의 아들과 고귀한 아킬레우스가 처음에 서로 다투고 갈라선 그날부터 이렇듯 제우스의 뜻은 이루어졌도다.

-호메로스, 《일리아드》

조금은 황당한 구절로 호메로스의 서사시 《일리아드》는 시작된다. 당시에는 일리온이라 불린 트로이에서 여인 하나를 두고 대장 아가멤논과 영웅 아킬레우스가 서로 갖겠다고 다투는 이야기로 말이다. 1만 5,693행이나 되는 길고 긴 이 서사시는 이날로부터 트로이 왕자 헥토르의 장례식까지 단 열흘간의 이야기가 전개된다.

트로이는 오늘날 튀르키예의 영토로 에게해에서 흑해로 가는 좁은 헬라스폰토스 해협의 길목에 있었다. 이 서사시가 기록된 사건인 트로이 전쟁은 기원전 12세기경에 실제 있었던 것으로 알려져 있다. 그렇다면 10년간이나 이어졌다는 트로이 전쟁의 전말은 무엇일까?

신화에 의하면 이 전쟁은 세 여신의 아름다움 대결 때문에 초래되었다. 아킬레우스의 어머니 테티스와 아버지 펠레우스의 결혼식 날, 신의 여왕 헤라, 지혜의 여신 아테나 그리고 아름다움의 대명사 아프로디테는 누가 가장 아름다운 여신인가를 두고 다투게 되었다. 이를 판정할 자는 나라에 큰 전쟁을 불러올 거라는 신탁을 받은 목동 파리스였다. 그는 아프로디테가 가장 아름다운 여신이라고 판정했다. 이에 아프로디테는 파리스에게 사랑의 선물, 즉 아름다운 여인을 주는데 그녀의 이름은 헬레네였다.

그런데 그녀는 이미 임자가 있는 몸이었다. 라케다이몬(스파르타)의 왕 메넬라오스의 아내였던 것이다. 목동으로서의 역할을 마치고 트로이로 돌아간 파리스는 라케다이몬에서 헬레네를 납치했고 이로 인해 다툼이 벌어질 수밖에 없었다. 이것이 아가멤논을 대장으로 한 아카이아족과 트로이 간 전쟁의 시작이다.

전투는 끝나도
전쟁은 끝나지 않는다

　헬라스의 패권을 노리던 아가멤논은 헬레네 납치 사건을 기회 삼아 전 지역에 원정대를 꾸리도록 요청했다. 1,200여 척이나 되는 대군이 편성되었다. 현명한 오디세우스도 영웅 아킬레우스도 이 전쟁에 나가기 싫어 꾀를 부려 보지만 어머니 테티스 여신은 아킬레우스의 미래를 알면서도 전쟁에 참가하도록 독려한다. 전쟁에 나가면 죽을 테지만 그럼으로써 세상에 영웅으로 자리매김할 것이라는 말과 함께였다.

　아가멤논을 대장으로 트로이에 도착한 아카이아족은 첫 돌격에서 아폴론 신전을 약탈했다. 그리고 여기서 얻은 전리품을 두고 대장 아가멤논과 영웅 아킬레스 간의 다툼이 생겨났다. 서사시《일리아드》는 여기에서 시작된다. 아가멤논과의 다툼으로 아킬레우스가 참전하지 않은 사이 그의 애인 파트로클로스가 죽게 되고 화가 난 아킬레우스는 트로이의 왕자 헥토르에게 일대일 대결을 신청한다. 싸움의 결과는 아킬레우스의 승리로 끝나고 살해된 헥토르의 시신을 구하러 아버지 프리아모스 왕이 찾아온다. 그가 비싼 몸값을 지불하고 아들의 시체를 찾아가면서 12일간의 휴전을 제안한다.

　이것으로 서사시는 끝을 맺는다. 하지만 전쟁은 끝날 수 없었다. 난공불락 성채를 가진 트로이는 함락되지 않았고 때론 트로이의 동맹국 아마존족의 공격도 있었다. 그래서 10년간이나 전쟁은 지지부진 이어졌다.

이 전쟁이 끝나게 된 결정적 사건은 그 유명한 목마의 제작으로부터였다. 꾀돌이로 불리는 오디세우스의 제안으로 목마가 제작되었다. 아카이아족은 해안에 숨어 다음 작전을 진행했다. 해변에 서 있는 목마를 발견한 트로이에서는 이것을 승전의 선물로 받아들여 성내로 끌어들였다. 그리고 승리의 기쁨에 축제를 벌이고 술에 취해 잠이 들었다. 깊은 밤, 목마에서 나온 아카이아족 사람들에 의해 불태워진 트로이. 신체 중 유일한 한 곳만이 약점이라던 아킬레우스는 혼전 중에 발뒤꿈치에 화살을 맞아 죽을 운명이었다.

장장 10년에 걸쳐 일어났다는 트로이 전쟁이 여인 한 명 때문에 벌어졌다는 것을 믿을 수 있을까? 대부분의 전쟁은 이익이 있는가 아닌가에 따라 수행 가능성이 정해진다. 트로이는 에게해와 흑해를 연결하는 전략적으로 중요한 지점에 있었다. 흑해 연안의 밀이 수입되고 올리브와 와인이 수출되는 곳에 자리한 패권 도시였다. 따라서 아카이아족이 1,200여 척이나 되는 대 함대를 꾸려 공략할 만한 풍요로운 도시였고, 이곳을 공략해 승리할 경우 엄청난 전리품이 기대되었다. 결국 아카이아족은 전쟁에서 승리를 거두었고 투자한 만큼 대단한 전리품을 얻어 냈다.

이익을 위해 전쟁을 하는 건 장수에게만 해당하지 않는다. 말단 병사들도 자기에게 돌아갈 이익이 예상되지 않으면 목숨을 걸고 싸우지 않는다. 회사에서 사장은 직원들이 주인 의식을 가지길 바란다. 하지만 그 직원들도 자기에게 월급 외에 돌아올 이익이 없다면 수동적일 수밖에 없다. 성공하고자 하는 리더라면 다가올 기회를 포착하고 여기서 나오는 이익을 적극적으로 공유하겠다는 의지를 보여야 한다. 그래야만 모두가 도움이 되도록 이바지할 수 있다.

무모해질 때를
조심하라

카데시 전투

기원전 1275년

나만큼 너희에게 많은 일을 해 준 파라오가 있었느냐? 나는 전쟁터에서 너희를 믿어도 된다고 생각했다. 그러나 너희는 모두 비겁하게 행동했다! 너희들의 죄는 헤아릴 수 없을 정도로 크다.

-람세스 2세

고대에는 말을 타고 전투를 하는 게 쉽지 않은 일이었다. 말을 길들여 타던 초기에는 안장 없이 타기도 했고 점차 고삐 등이 개발되었지만 등자가 등장하기 전까지는 말 위에서의 활동이 자유롭지 않았기 때문이다. 청동기 시대에는 전차를 만들어 전쟁터에서 활용했다. 한 명의 마부와 창을 든 전투병 또는 마부 좌우에 두 명의 전투병이 탑승

하는 형태였다.

전차를 만들어 전투에 활용하기 위해서는 비용이 많이 들었다. 전차병은 무기를 각자 준비하는 게 일반적이었고, 말을 타는 자들은 대부분 귀족 출신이었다. 어렸을 때부터 말 타는 법을 배워야 했고 값비싼 말과 전차를 제작 및 유지할 수 있는 경제력이 뒷받침되어야 했다. 따라서 전차병은 숫자가 적고 두 손이 자유롭지 못했기에 역할이 한정적일 수밖에 없어 그들만으로는 전쟁에서 승리할 수 없었다.

가나안과 시리아의 패권을 두고 히타이트와 이집트가 다투던 시절에 일어난 카데시 전투가 가장 대표적인 전차전 무대다.

무모하게 밀어붙인 람세스와
허를 찌른 무와탈리

이집트의 신왕국 시대에 가나안과 시리아 지역은 이집트와 히타이트 간의 접경 지역이었다. 이집트의 투트모세 3세는 메기도 전투에서 카데시 및 그의 동맹국들을 복종시켰고 가나안과 시리아 지역을 장악했다. 하지만 아멘호테프 4세와 투탕카멘 등의 치세를 거치면서 이집트의 영역은 계속 줄어들었다. 카데시는 히타이트가 점령했고 아무루는 히타이트의 동맹국이 되었다.

이집트에서는 람세스 2세, 히타이트에서는 무와탈리 2세 시절 아무루가 히타이트에서 벗어나서 다시 이집트와 동맹을 맺는 사건이 벌어졌다. 무와탈리 2세는 크게 화내며 아무루를 정벌하기 위한 군사 행동을 준비했다. 람세스 2세 역시 히타이트를 격파할 좋은 기회로 여기고 히타이트를 공격하기 위해 진격했다. 이때 히타이트군은 보병 4만 명과 전차 3,700여 대, 용병 1만 1,000명이었고 이집트군은 대략 보병 1만 6,000명에 전차 2,000여 대, 용병 4,000명으로 이루어졌다. 히타이트군이 2배 이상 전력을 동원한 셈이다.

람세스 2세의 이집트군은 아문, 라, 세트, 프타 4개 부대로 이루어졌다. 람세스 2세가 선두에서 전방의 상황을 살피며 전진했고 그 뒤를 아문 부대와 라 부대, 세트 부대, 프타 부대가 간격이 크게 벌어진 채로 따랐다. 이때 이동을 서두르다 보니 부대 사이의 간격이 너무 벌어져서 서로의 상황을 알 수 없을 정도였다. 그러다 이집트 척후병들이 히타이트군 몇 명을 잡아왔는데 그들로부터 상황이 크게 잘못되었음을 알게 된다. 히타이트군이 카데시 주변에서 매복하고 이집트군을 공격할 계획이었던 것이다. 히타이트군은 성채의 북쪽에 군대를 매복시키고 있었기에 람세스 2세로서는 성채에 가려져 히타이트군의 존재를 알기 힘들었다. 람세스는 뒤따르는 부대들에게 적의 공격을 경고하고 방어 준비를 시키며 세트 부대와 프타 부대를 급히 합류시켜야 했지만 때는 이미 너무 늦었다.

오론테스강을 건너는 라 부대 앞에 히타이트의 전차 부대가 크게 회전하여 마침내 그 모습을 드러내고 그대로 돌격하여 라 부대를 급습했다. 이집트군의 4개 부대가 서로 연결되지 않았기 때문에 전력이 히타이트군에 미치지 못했다. 더구나 라 부대는 방심한 상태로 강을 건너는 도중에 습격당했기 때문에 히타이트군의 공격에 버티지 못하고 그대로 궤멸되었다. 히타이트군은 이어서 선두의 아문 부대를 공격했으며 아문 부대 역시 예상하지 못한 공격을 받고 궤멸했다.

이 전투의 결과 이집트군은 본국으로 철수했다. 히타이트군은 그대로 군사 작전을 계속해 이집트가 영유하던 우피(현재의 다마스쿠스)를 점령했다. 또한 이집트의 동맹국이었던 아무르를 약탈하고 자기편으로 만들었다. 이로써 시리아 지역은 히타이트의 패권 지역이 되었고 이집트에게 남은 건 가나안뿐이었다. 이후 두 나라 사이에는 평화 조약이 맺어져 국경이 정해졌지만 이집트의 패배가 분명했다. 위대한 파라오 람세스의 실책이라 할 만했다.

람세스는 병력 규모가 열세했는데도 자신의 용맹만을 믿고 앞서 나갔다. 더구나 전차와 보병 부대가 협력해서 적을 공략해야 했음에도 부하들이 그를 제대로 뒤따르지 못했다. 이는 람세스가 자신의 용맹만을 과시하며 '부하들이 잘 따르겠지' 하는 안일하게 생각한 영향이 크다.

막강한 경쟁자가 자리 잡고 있는 시장에서 후발주자가 새 상품을 출시했을 때, 막연히 '잘되겠지' 하는 생각은 위험하다. 우선 차별화된 제품이 준비되어야 하고 그에 맞는 마케팅 전략, 적절한 가격 전략이 마련되어야 한다. 가장 중요한 건 리더와 함께하는 사람들 간의 신뢰에 기반한 역량의 확보다. 평소 준비가 제대로 되지 않았는데 리더가 앞서 나가기만 한다면 조직원은 그저 쳐다보기만 할 뿐 움직이지 않을 것이다.

전략

치밀한 전략은
열세도 뒤집는다

마라톤 전투

기원전 490년

이 무덤 속에 에우리포리온의 아들인 아테네인이 누워 있네. 마라톤의 숲
과 거기에 진군한 페르시아의 군대가 그의 용기를 증언하리라.

-파우사니아스(2세기 그리스인 여행가)

이오니아 지역에서 반란이 일어났다는 소식을 들은 페르시아의 다
리우스 대왕은 크게 화를 냈다. 더구나 폴리스 아테네가 군선 20척과
선원을 보내 사르디스를 불태웠다는 이야기를 듣고는 즉시 응징하는
부대를 보낼 것을 명령했다. 그때가 기원전 492년이다. 하지만 처음
출발한 원정 부대는 폭풍우로 인해 함대의 절반을 상실하고 대장군
마르도니우스도 트라키아 일대에서 부상을 입어 원정이 중지되었다.

다음 해 다리우스 대왕은 사절단을 그리스 각지에 보내 복종의 의미로 흙과 물을 바치라는 요구를 했다. 이때 상당수의 폴리스는 이에 복종했지만 아테네와 스파르타는 이 사절들을 때리고 바위틈으로 던져 버려 항전 의사를 내비쳤다. 그렇게 해서 다시 꾸려진 페르시아 원정군은 에우보니아의 에레트리아와 아테네를 목표로 출발했다. 페니키아 해군의 배에 올라탄 원정군은 로도스, 사모스, 낙소스를 거쳐 에우보니아섬에 상륙해 7일 만에 에레트리아를 정복하고 아티카 반도를 목표로 향했다.

그해 9월 1일, 페르시아군이 마라톤 평원에 상륙한 것을 알게 된 아테네는 스파르타에 구원을 요청하는 사신 페이피데스를 보냈다. 장거리 달리기 경주자였던 그는 스파르타까지 며칠을 달려가 페르시아의 침략을 알렸으나 스파르타는 카르네이아 제전과 메세이나인의 반란을 제압해야 한다는 구실로 참전을 미루었다.

어쩔 수 없이 아테네는 군대를 소집해 마라톤으로 이동해서 헤라클레스 신전 근처에 진지를 구축했다. 에레트리아를 지원하려 움직인 아테네 식민 도시 지원병과 플라타이아인들 역시 마라톤에 합류했다. 이때 아테네군은 대다수가 중장 보병(호플리테스)이었으며 그 수효는 9,000명이었다. 여기에 플라타이아군 1,000명이 가세해 중장 보병이 1만 명에 이르렀다. 아테네군 총지휘관은 칼리마코스였고 밀티아데스와 테미스토클레스, 아리스타데스 등이 지휘관으로 참전했다. 이에 상대하는 페르시아군은 2만 5,000명의 육군과 600척의 함대였다.

세 배 많은 페르시아군을
포위한 아테네군

9월 11일, 순번제로 운영했던 이날의 지휘관은 밀티아데스였다. 그는 페르시아군이 함대에 탄 숫자를 제외하고 마라톤에 상륙한 인원이 2만 명을 조금 넘을 것으로 예상했다. 1만 명인 아테네와 플라타이아 연합군보다 훨씬 많은 숫자였다. 밀티아데스는 수가 적은 아군으로 밀집 방진 부대에 익숙하지 않은 페르시아군에 승리하기 위해 양익 포위 전략을 생각해 냈다. 중앙은 약하게 하지만 좌익과 우익에 강한 부대를 배치해 적을 포위 섬멸하는 전략이었다. 우선 아테네군은 적의 부대와 전열의 길이를 같게 하기 위해 보통 8열로 이루는 방진을 4열로 줄이고 그만큼 좌우로 늘려 포진했다. 플라타이아군은 좌익에 위치했다.

드디어 아테네와 페르시아 양측은 바다를 끼고 포진했다. 병력 수에서 우위에 있던 페르시아군은 중앙에 보병과 지휘관이 위치했고 좌우익에는 궁병과 방패병으로 이루어진 일반 보병을 배치했다. 전투가 시작되자 아테네군은 걸어서 전진하다가 적과 200미터 정도 남겨 놓은 거리에서 뛰기 시작했다. 페르시아군의 화살 공격을 피하기 위해서였다. 드디어 두 부대는 맞붙었고 서로 강력하게 밀어붙였다.

처음에는 중앙의 페르시아 정예 보병대가 아테네군의 얇은 중앙을 돌파하는 데 성공했다. 그러나 페르시아군은 지나치게 중앙을 밀어붙이다가 우익의 플라타이아와 좌익의 아테네군에 무너져 내렸다. 아테네군의 좌익이 훨씬 정예병으로 이루어졌기 때문이었다. 이후 페르시아군의 좌익도 무너져 내렸고 그렇게 페르시아군은 아테네와 플라타이아군에 의해 포위되었다.

그다음은 일방적인 살육의 시간이었다. 살아남은 페르시아군은 전열이 붕괴한 채 후방의 습지 방향으로 도주했고 이후 쫓아온 아테네군에 살해되었다. 남은 페르시아군 중앙과 좌익은 함대로 도주하는 데 성공했다. 이때 아테네군은 플라타이아인과 노예를 제외한 전사자가 192명이었고, 페르시아군은 6,400여 명이 죽었다. 아테네인들은 아군 전사자들의 시신을 모아 매장했는데 오늘날 마라톤 평원에서 만날 수 있다.

이후 전개된 이야기는 그 유명한 달리기 경주 마라톤과 관련 있다. 잔여 병력을 실은 페르시아 함대가 아테네 쪽으로 방향을 돌려 떠나가는 것을 본 아테네군은 함대가 아테네로 우회해 공격할 것이라 생각하고 서둘러 군장을 해체하고 아테네로 달려갔다. 마라톤에서 아테네 부근 항구까지의 거리가 40여 킬로미터에 이른다. 여기를 아테네군 전원이 달려갔다는 이야기다. 페르시아 함대가 수니온곶을 돌아 아테네 부근에 도착할 무렵 아테네 병사들은 다시 전투 대형을 구성할 수 있었다. 이를 본 페르시아 함대는 작전을 포기하고 철수할 수밖에 없었다.

아테네 연합군이 병력 수에서는 열세였지만 페르시아군에 비해 보병 전술이 앞서 있었다. 따라서 밀티아데스는 적의 움직임을 보고 적극적으로 달려가는 공세적 전술을 폈고 중앙보다는 좌우익을 강하게 포진했다. 그 결과 적 포위 섬멸이라는 압도적 승전을 이끌어 낼 수 있었다.

앞서 카데시 전투에서 람세스 파라오는 각 부대의 협력을 이끌어 내지 못했다. 하지만 밀티아데스를 포함한 아테네 리더들은 평소 시민군의 치열한 훈련을 통해 각 부대가 한 몸처럼 움직이는 체제를 준비했다. 이것이 페르시아의 침입에 맞서 승리할 수 있는 원동력이었다. 이후 그리스의 밀집 보병 전술은 더욱더 연마되어 마케도니아로 이어졌고 알렉산드로스의 동방 원정의 결과를 낼 수 있었다.

결과에 상관없이
멈추지 않을 때도 있다

테르모필레 전투

기원전 480년

우리는 그리스를 위하여 다함께 싸웠고 다함께 죽었나니. 나그네여, 스파르타에 가거든 이 말을 전해 주오.

-테르모필레에 세워진 묘비

마라톤에서의 패배를 접한 페르시아의 다리우스는 아테네와 스파르타에 대한 응징이 아닌 그리스 전체를 제압할 생각으로 준비에 들어갔다. 하지만 이집트에서 반란이 일어나 그곳을 먼저 제압하기 위해 군사를 일으켰고, 그 과정에서 다리우스는 사망하고 만다. 그 아들 크세르크세스는 우선 이집트를 격파하여 반란을 진압한 후 연기된 그리스 공격 계획에 다시 착수했다.

기원전 480년, 크세르크세스는 보병 180만 명, 기병 10만 기, 해군 50만 명, 함선 1,200척에 달하는 대군을 편성하고 아시아의 전차대, 아라비아의 낙타 부대까지 합쳐 무려 230만의 이례적인 대군단을 조직해 원정을 떠났다. 1년 전인 기원전 481년에 크세르크세스가 그리스 도시들에 사절단을 보내 복종의 의미로 흙과 물을 보내라고 요구했지만 아테네와 스파르타는 여기에 응하지 않았다.

소아시아의 사르디스를 출발한 페르시아의 대군은 배다리를 놓아 헬라스폰토스 해협을 건너고 여름을 지나 테르모필레 지역을 지날 예정이었다. 이를 알게 된 그리스 도시들은 연합군을 구성해 스파르타의 레오니다스를 대장으로 이곳을 지키기로 결정했다. 왜 테르모필레였을까? 그곳은 협곡은 아니지만 한쪽은 높은 산이 있고 한쪽은 바다가 있는, 적은 수의 병력이 대군을 충분히 맞설 만한 지형이었다. 비록 페르시아가 엄청난 대군을 편성했지만 그리스 연합군이 용맹을 발휘한다면 막아 낼 수 있으리라 예상했다. 한편 아테네는 해군의 주도 국가가 되어 페르시아 해군을 맞서 싸우기로 했다.

―――

스파이에 뒤가 뚫린 스파르타군

레오니다스가 이끄는 그리스 연합군은 대략 4,000명 규모였다. 우리는 스파르타 전사 300명만이 테르모필레에서 싸웠다고 알고 있지만 이는 영화 속 이야기다. 실제로는 훨씬 많은 수의 전사가 참여했다. 스파르타 시민으로 구성된 전사는 300명이었지만 그 호위병들과 1,000명의 스파르타 외부 자유민이 있었고, 펠로폰네소스의 여러 도시가 전사를 보냈기 때문이다. 여기에 900명의 노예 계급인 헤일로타이가 동행했다. 레오니다스는 행군 도중 코린토스를 지나며 델포이 아폴론 신전에서 온 신탁을 받았다고 한다. 그 내용은 이렇다.

오, 광활한 들판의 라케다이몬의 주민들이여, 그대들의 운명을 들을지어다.
그대들의 훌륭하고 위대한 도시가 페르세우스의 자손들에게 파괴되든지
아니면 헤라클레스의 혈통을 이어받은 왕이 죽어
라케다이몬의 전 주민이 애도하게 되리라.

신탁의 내용은 뻔한 결론이긴 하다. 페르세우스의 자손, 즉 페르시아에 의해 도시가 짓밟히든지 아니면 헤라클레스의 후손 스파르타의 왕이 죽을 것이라는 내용이다. 어쨌든 둘 중에 하나는 승리할 테니까.
드디어 테르모필레에서 맞서게 된 크세르크세스의 페르시아군과 레오니다스의 그리스 연합군. 이 싸움의 결론은 잘 알려져 있다. 비록 적은 숫자지만 레오니다스와 그리스군은 용감하게 잘 싸웠다. 그들의 가장 강력한 전술인 집단 보병 전술을 잘 활용해 테르모필레의 좁은

지역을 잘 지켜 냈다. 한편 페르시아 대군은 이곳에서 오래 지체하는 것이 매우 어려운 일이었는데, 조달해야 할 엄청난 식량 때문이었다. 그래서 다른 수를 찾아냈다. 그것은 테르모필레를 우회하는 산길 통로였다. 트라키아인 에피알테스라는 자의 입을 통해 우회로가 있다는 것을 알게 되었고, 2만 여 명의 병력이 이곳을 통해 테르모필레를 우회했다. 그렇게 앞뒤로 페르시아군을 맞서 싸워야 했던 레오니다스와 그리스 연합군은 모두 장렬하게 전사했다.

오늘날의 테르모필레에는 최근 세워진 레오니다스 청동상 이외엔 볼 만한 것이 없다. 그저 버려진 온천에서 놀고 있는 젊은이들만 발견할 수 있을 뿐이다. 그곳은 페르시아 대군을 막아 낼 수 있었던 지형도, 바다가 멀리 물러난 덕에 이젠 좁은 길목도 아니다. 그럼에도 헤로도토스가 남긴 기록 덕분에 용맹하게 싸운 레오니다스와 4,000명의 그리스 병사들이 기억된다.

비록 레오니다스가 이끄는 그리스군은 이곳에서 오래 버티지 못하고 죽을 운명이었지만 그 역할이 작지 않았다. 페르시아가 아테네로 진격하는 데 상당한 시간을 끌어 주었기 때문에 아테네 시민이 대피할 시간을 벌었고 결과적으로 이어지는 살라미스 해전이 승리로 귀결되었기 때문이다. 조국이 위험에 빠졌을 때 우리는 어떻게 해야 하는가? 테르모필레에서 장렬하게 죽어 간 그리스인 용사를 떠올려 보라.

내 구역에서 싸워라

살라미스 해전
기원전 480년

멀리 보시는 제우스께서는 그대에게 나무 성벽을 주실 것인즉, 이 나무 성벽만이 파괴되지 않고 그대와 그대의 자식들을 도와주게 되리라.

-델포이 아폴론 신전 무녀의 예언

레오니다스와 그리스 연합군 4,000여 명은 테르모필레 전투에서 수적 열세에도 나름 잘 싸웠지만 3일을 버티지 못하고 패배했다. 이어 페르시아군은 빠른 속도로 남하했다.

페르시아군이 포키스를 거쳐 남쪽으로 진군한다는 소식이 전해지자 아테네에서는 사령부에 연합군이 나서서 막아 달라고 요청했다. 하지만 스파르타와 펠로폰네소스 는 '이렇게 된 이상 펠로폰네소스라도 지켜야 한다'며 아테네의 요청을 거부했다. 그리고 코린토스 지협에 성벽을 쌓고 그곳을 지키려 준비를 시작했다.

하지만 아테네는 펠로폰네소스에 있지 않았기에 연합군과 함께할 수 없는 운명이었다. 사령관 테미스토클레스는 시민들에게 '육지를 포기하고 바다에서 싸우는 수밖에 없다. 시민들은 아이기나섬으로 피신시키고 남자들은 바다에서 싸우자'며 설득했다. 이때 델포이 신전으로 보냈던 전령이 메시지를 가져왔다.

'나무 성벽이 안전하니 여기서 싸워야 한다.'

이를 두고 사람들은 의견이 분분했다. 어떤 이는 나무로 만든 성채를 의미하므로 아크로폴리스에서 농성해야 한다고 했고 또 어떤 이는 나무 성벽이란 배를 의미하므로 바다에서 싸워야 한다고 했다. 바로 테미스토클레스가 주장한 바다의 싸움이었다. 일부 아테네 사람들은 아크로폴리스로 갔지만 테미스토클레스의 주장에 동조한 대부분의 시민이 가족과 배를 타고 아이기나로 건너갔다. 이것이 가능한 이유는 과거 라우레이온 광산에서 나온 큰 수입을 개개인에게 분배하지 말고 전쟁에 대비해 함선 200척을 건조하자던 테미스토클레스의 주장에 따랐기 때문이다. 이후 페르시아는 텅 빈 아테네에 들어와 도시를 불바다로 만들어 버렸다.

이제 아테네가 할 수 있는 일은 아이기나섬 앞 살라미스에 준비된 배들을 집결시켜 결사적으로 페르시아군을 막아 내는 것뿐이었다. 과연 페르시아 해군은 테미스토클레스가 원하는 대로 살라미스에서 싸움을 벌일 것인가?

해전을 육지전처럼 치른
그리스 연합군

페르시아군은 함선 수가 많았으므로 싸움을 하지 않을 이유가 없었다. 함대를 둘로 나눠 한 선단은 그리스 선단을 견제하고 다른 함선으로는 육군을 싣고 펠로폰네소스 반도에 상륙해 후방을 교란하는 방법을 써도 됐다. 또한 엄청나게 많은 대군을 운용하려면 보급의 문제도 있었으므로 빨리 전쟁을 끝내야 했다. 페니키아인을 주축으로 구성된 페르시아 해군이 항해술에 더 능한 이유도 있었다. 그리스 연합 함대의 절반 이상을 이루고 있던 아테네 해군의 대다수는 페르시아 전쟁을 목전에 두고 급조된 것이라 승무원들이 바다에 익숙하지 않았다.

결국 좁은 살라미스에서 전투가 시작되었다. 당시의 해전은 뱃머리에 충각을 갖춘 배가 상대편 배의 옆구리를 들이받아 부서지게 만드는 것이었다. 배가 깨지지 않더라도 충돌한 후 병사들이 상대편 배에 건너가 육지처럼 각개 전투를 벌이는 방식이었다.

전세는 초반부터 그리스 연합군이 우위였다. 비록 그 수가 페르시아에 비해 적고 항해술에 능숙하지는 않아도 안마당에서 하는 싸움이었다. 마라톤 전투에서 살펴보았듯이 강력한 육군을 보유한 그리스 연합군이었다. 그리스인 해병은 모두 완전 무장을 갖춘 호플리테스였고 페르시아인은 보다 가볍게 무장한 보병이었을 것이다. 또한 내 고향을 지켜 내야 한다는 절체절명의 정신을 가진 이와 멀리서 원정을 온 사람들 간의 싸움이었다. 그렇게 전투의 결과는 그리스 연합군의 대승이었다. 비록 함대의 숫자가 적고 전투원도 많지 않았지만 좁은 해협에서 싸우는 전략의 승리였고, 모두가 혼연일체가 되어 적을 몰아내고자 하는 정신의 승리였다.

페르시아의 크세르크세스는 높은 언덕 위에 올라가 해전의 상황을 지켜보았다. 그러다 용감하게 싸우는 배 한 척이 눈에 들어왔다. 신하들의 보고에 의하면 그 배의 주인은 할리카르나소스의 지도자 아르테미시아였다. 크세르크세스는 우왕좌왕하는 다른 배들을 보며 신하들에게 "나의 남자들은 모두 여자가 되었고 나의 여자는 남자가 되었군"이라고 말했다. 그녀는 페르시아군에서 유일한 여성 지휘관이었는데 살라미스에서 그리스 해군과 싸우는 것은 위험하다고 주장했다. 하지만 그녀의 주장은 먹히지 않았고 결국 해전이 벌어졌다. 영화 〈300〉의 후속편인 〈제국의 부활〉에 그녀가 본격적으로 등장한다.

살라미스 해전에서 얻을 수 있는 교훈은 이렇다. 첫 번째는 전략적 사고의 중요성이다. 아테네는 페르시아군이 빨리 승리하고 싶어 한다는 것을 알아내고 좁은 살라미스를 전쟁터로 선택했다. 두 번째는 지도자 테미스토클레스가 과감한 결단력과 지도력을 발휘하여 승리의 열쇠를 잡았다는 것이다. 세 번째는 미래를 대비한 자원의 효율적 운용이다. 전쟁 전 아테네는 라우리온 은광에서 막대한 돈이 생겼다. 사람들은 이 돈을 나눠 가지자고 했지만 테미스토클레스는 미래를 대비해 함선을 만들자고 주장했다. 그래서 200척의 함선이 생겨났고, 이것이 아테네 해군의 주력이 되었다. 만약 함대가 미리 준비되지 않았다면 살라미스 해전도 없었다. 이러한 전략적 사고와 팀워크, 지도자의 역할, 자원의 효율적인 운용 등은 모든 조직에서 고려해야 할 요소다.

얻었다면 지키고
지키려면 대비하라

펠로폰네소스 전쟁

기원전 431~404년

두 세력 간 전쟁이 필연적이었던 것은 아테네의 부상과 그에 따라 스파르타에 스며든 두려움 때문이었다.

-투키디데스, 《펠로폰네소스 전쟁사》

국제 정치학에서 많이 사용되는 용어 중 '투키디데스의 함정'이 있다. 이는 신흥 강국이 부상하면 기존 강대국이 이를 견제하는 과정에서 전쟁이 일어날 수밖에 없음을 말하는데, 투키디데스가 《펠로폰네소스 전쟁사》에서 남긴 말에서 유래한다. 이는 아테네를 맹주로 한 델로스 동맹과 스파르타 중심의 펠로폰네소스 동맹이 30년에 걸쳐 싸우게 된 전쟁이다. 이는 스파르타의 승리로 끝나고 화려했던 아테네

영광의 시절은 저물었다. 그렇다면 이 전쟁의 전말은 무엇이었을까?

그리스 페르시아 전쟁에서는 스파르타가 가장 큰 역할을 했다. 테르모필레에서 레오니다스와 시민들이 목숨을 바쳐 페르시아 대군에 맞섰고, 플라타이아 전투에서 마지막 남은 페르시아 육군을 물리쳤다. 비록 살라미스에서 아테네 중심의 해군이 큰 역할을 했지만 페르시아군에 맞서 그리스 전체를 지킨 것은 스파르타의 리더십이었다.

플라타이아 전투 이후 페르시아의 잔당을 몰아내는 과정에서 전쟁을 더 확대하고 싶지 않았던 스파르타는 그리스 동맹에서 탈퇴해 버렸다. 남은 폴리스들은 아테네를 중심으로 새로운 동맹을 체결했다. 그 본부를 델로스섬에 두었기 때문에 델로스 동맹이라 불렸다. 스파르타의 강력한 군사력이 없어도 아테네는 계속 성공적으로 소아시아의 항구 도시에서 페르시아의 세력을 몰아냈다.

인기에 영합한 아테네와 발전하지 못한 스파르타

아테네의 전성기가 시작되었다. 델로스 동맹은 페르시아에 맞서는 군사적, 정치적 동맹이었지만 동맹 도시 간의 무역이 활성화되는 경제 동맹이기도 했다. 이러한 일련의 과정에서 아테네는 해상 제국으로 발돋움했는데, 확보된 통상로뿐만 아니라 동맹 도시에서 반강제적으로 거두어들인 공납금도 큰 도움이 되었다. 공납금을 제대로 납부하지 않는 폴리스에는 군대를 보내 진압하고 시민의 재산을 빼앗는 등 강력한 무력을 행사했다. 이 공납금이 쓰인 가장 대표적인 건축물이 파르테논 신전이다.

스파르타를 비롯한 폴리스들은 아테네의 독주에 신경이 쓰였지만 이를 제지할 수는 없었다. 상대방을 자극하지 않기 위해 30년 평화 조약을 체결해 미봉책을 마련할 정도였다. 당시에는 현명한 리더로 잘 알려진 페리클레스가 델로스 동맹을 이끌었기에 큰 분쟁 없이 잘 지낼 수 있었다. 그의 탁월한 덕성에 의존해 모두에게 긍정적인 결과물이 생겼기 때문이다. 하지만 위급한 상황에서는 연설에 능한 선동가에 의해 휩쓸리거나 포퓰리즘을 추구하는 경향이 나타났다. 시민이 원한다는 명목으로 비이성적 정치 행위들이 벌어진 것이다. 특히 페리클레스가 사망한 후 선동 정치가 극명하게 드러났다.

그러던 기원전 432년, 코린토스 서쪽에 있는 케르키라에서 아테네에 구원 요청이 왔다. 이를 아테네가 돕는데, 아테네의 세력 확장이 두려웠던 코린토스와 그 동맹국 간에 해전이 벌어졌다. 이로 인해 오랫동안 균형을 이루던 스파르타와 그 동맹인 펠로폰네소스 동맹과 아테네의 델로스 동맹 간에 27년에 걸친 전쟁이 시작되었다. 두 세력 간의 쟁투는 지루하게 이어졌다. 스파르타는 육군을 보내 아테네 주변 지역을 약탈했고 아테네는 해군을 펠로폰네소스에 상륙시켜 그곳을 괴롭혔다.

이 전쟁의 가장 치열한 쟁투는 시칠리아의 시라쿠사에서 있었다.

시라쿠사의 재물에 욕심났던 아테네 시민들은 원정에 참가하자는 알키비아데스와 전쟁의 위험을 이야기하는 니키아스 중 알키비아데스의 손을 들어 주었다. 전쟁으로 발생할 부정적 면보다는 얻을 이익에 집중한 연설가의 선동에 넘어간 것이다. 그렇게 해서 기원전 415년과 414년 사이에 시라쿠사 정벌전이 벌어졌다. 스파르타 출신 지휘관 길립포스의 지도하에 시라쿠사는 강력히 저항했다. 결국 이 싸움에 참가한 아테네 동맹군 4만 명 중 살아남은 것은 겨우 7,000명뿐이었다. 강력한 아테네 해군이 사라지자 델로스 동맹은 약해졌고 해군을 강화한 스파르타의 승전이 이어지면서 전쟁은 종결되었다.

이 전쟁에서 승리한 스파르타는 이후 승승장구했을까? 그건 결코 아니었다. 스파르타는 아테네가 보유했던 폴리스의 패권을 손아귀에 거머쥐었으나 현실은 몸에 맞지 않는 옷을 입은 것과 같았다. 상업 활동을 해 본 적도 없고, 내부의 노예를 통제하는 데 모든 역량을 쓰던 스파르타의 특성상 함대를 운영할, 폴리스를 관리할 역량도 없었다. 이오니아 지방을 페르시아의 공격으로부터 지켜 줄 역량도 없어 페르시아에 좋은 일만 했고, 최종적으로는 북쪽에서 세력을 키운 마케도니아가 이 모든 과실을 가져갔다. 결국 승리하고도 손해를 본 스파르타의 입장에서 보면 억울할 것 같지만 제대로 준비되지 못한 승리는 아무것도 건질 게 없다는 교훈을 준다.

관행을
깨라

레욱트라 전투
기원전 371년

에파미논다스는 사치와 향락을 멀리하는 절제된 삶을 살았고, 가진 것을 동지들과 나누며 뇌물을 거부하는 청렴한 인품의 소유자였다.

-크세노폰(에파미논다스와 동시대인)

    어떤 장수가 승리를 거둔 전투 방식은 주변에서 따라 하기 마련이고 다른 세력도 이를 모방한다. 결국 동일한 시대에 이웃한 두 나라의 전투 부대는 동일한 방식으로 싸움을 하게 된다. 이때 전형적인 전투 방식으로 맞붙는다면 병력이 열세인 쪽이 필패다. 그럼에도 평범한 장수들은 과거 방식을 고수하여 싸우려고 한다. 때로는 탁월한 혜안을 가진 장수가 나타나 자신의 주특기를 개발해서 열세한 병력으로 승리를 거두기도 한다.

레욱트라 전투는 기원전 371년 테베가 이끈 보이오티아 동맹과 스파르타 사이에 벌어졌다. 열세인 군사력으로 승리를 거둔 전형적 싸움이다. 당시 스파르타는 펠로폰네소스 전쟁에서 승리를 거두고 그리스 반도 내에서 세력을 키우고 있었다. 이때 테베가 스파르타의 패권에 종속되기를 거부하면서 전쟁이 벌어졌다. 에파미논다스가 이끄는 테베군은 장병이 6,000명에 불과했는데 스파르타는 1만 명이 넘었다. 이러한 병력의 열세에도 테베가 승리를 거두었고 스파르타는 그리스에서의 영향력을 잃었다. 이는 관행적으로 내려오던 집단 방진 전투를 변형한 방식으로 승리한 싸움의 결과였다.

당시 그리스 지역에서 주로 쓰던 밀집 대형 전술은 중장 보병으로 8겹에서 12겹을 만드는 것이었다. 경험상 이 정도로 구성하는 것이 돌파력과 방어력이 적당하다고 지휘관들은 인식했으며 창과 방패를 든 병사의 균형을 고려했다. 오랜 경험과 실력을 갖춘 부대를 오른쪽에 배치하는 것이 관행이자 가장 명예로운 것으로 인정되었다.

따라서 스파르타는 관행에 따라 우익에 실력 있는 병사들을 배치하고 좌익에는 조금 약한 부대를 두었다. 스파르타에는 최정예 부대인 근위병 300명이 있었다. 이를 히페이스라 불렀는데 그들과 왕이 방진 우측에 위치했다. 또 방패로 서로 몸을 보호하기에 자꾸만 우측 방패에 의지하려는 경향이 있었다. 그래서 동일한 방식으로 배치한 두 부대가 서로 방진을 구성해 싸움을 벌일 경우 시계 반대 방향으로 회전하는 경우가 많았다. 그러니까 저기압 구름처럼 시계 반대 방향으로 돌면서 두 방진이 싸움을 벌이는 모양새였다.

에파미논다스의
사선 대형 전략

이런 상황을 알면서도 전략 변화를 시도하지 않는다면 전투의 패배와 죽음이 기다리고 있는 법. 에파미논다스는 열세인 병력으로 어떻게 이길 수 있을지 검토했다. 대세를 따르지 않을 자유는 약자에게 있다. 패권자인 스파르타는 이미 수적 우위에 있으므로 관행대로 가는 게 낫다. 따라서 우익에 우수한 병사들이 배치되고 좌익은 약한 군사들이 배치될 것이다. 하지만 숫자가 부족한 아군을 동일한 방식으로 배치할 경우 패할 것이 명약관화했다.

에파미논다스는 승리를 위한 전술을 고민했다. 전통이란 우세한 상황에서는 지켜야 하지만 반드시 이겨야 살아남을 수 있는 약자에게는 해당하지 않는다. 에파미논다스는 대세를 따르지 않고 좌익을 50겹에 이르도록 두텁게 구성하고 그들의 정예 부대인 신성대 300인을 여기에 배치했다. 동일한 방식으로 밀고 나갈 경우 어차피 패하므로 허를 찌르기 위해 최정예 병사들을 모아 좌익에서 강력하게 밀고 나가려 한 것이다. 상대적으로 약하고 얇은 중앙과 우익은 그대로 멈춰 있고 좌익이 우선 전진하는 사선 형태였다. 교전이 벌어지자 12겹에 불과한 스파르타의 우익이 50겹에 이르는 테베의 좌익에 밀려나기 시작했다.

집단 보병 전술은 칼을 들고 상대방과 일대일 전투를 벌이는 게 아니라 방패를 들고 앞에 있는 적들을 밀어내는 게 우선이다. 그러면서 상대 방패의 빈틈을 노려 칼로 찌른다. 체격이 크고 잘 훈련된 병사들로 구성된 테베의 좌익과 마찬가지로 정예 부대인 스파르타의 우익은 집단의 힘에서 차이가 났다. 테베의 좌익이 스파르타의 우익을 밀어내자 스파르타는 힘에서 밀렸다. 당황한 스파르타군은 처음에는 테베의 엄청난 압박을 견뎌 냈으나 결국은 압도당했다. 스파르타의 우익은 클레옴브로투스 1세 왕 등 스파르타 시민 400명을 포함해 1,000여 명의 손실을 내고 후퇴했다.

이 시대에 재미있는 것은 스파르타에 히페이스가 있었듯 테베에는 신성대라 불리는 정예 부대가 있었다는 점이다. 이들은 150쌍의 남자 동성애자로 구성되었는데 방패로 동료를 보호하고 함께 싸워야 하는 방진의 특성을 이용한 것이었다. 고대에는 나이가 많은 남자와 10대 후반 젊은이의 동성애 관계가 흔했다. 오늘날의 동성애와는 다른 사랑의 관계였지만 서로 돕고 이끌어 주는 멘토와 멘티의 관계이기도 했다. 철학자 소크라테스를 비롯한 여러 유명 인사들도 젊은이와 동성애 관계였다고 알려져 있다. 이렇게 평소 끈끈한 애정으로 연결된 사람들을 한 부대에 포함시켜서 위급한 상황에서 서로 보호하기 위해 목숨을 걸고 싸우게 되는 특성을 이용했다 볼 수 있다. 아무튼 사랑의 힘은 아주 크다. 전쟁터에서도 동료를 서로 보호해 주고 큰 힘을 발휘하니 말이다.

움직이게 하려면
먼저 움직여라

이소스 전투
기원전 333년

이소스에서 패한 다리우스 3세가 강화를 제의하며 가족의 몸값으로 1만 탈렌트를 지불하고 유프라테스강으로부터 그 서쪽 지방을 양도하며, 거기다 자기 딸까지 얹어 주겠다고 했다. 이 말을 들은 노장 파르메니온은 "제가 왕이라면 이 강화를 받아들이겠습니다"라고 하자 알렉산드로스는 "내가 파르메니온이라면 그랬을 거요"라고 말했다.

-아리아노스(로마 역사가)

마케도니아의 왕위에 올라 그리스를 평정한 알렉산드로스는 페르시아 원정길에 올랐다. 가난한 마케도니아를 영광의 길로 이끌기 위해서는 화려한 문명을 자랑하는 페르시아의 부가 필요했기 때문이다.

2만 2,000명의 중무장 보병과 1만 3,000명의 경보병, 그리고 6,000여명의 기병으로 그리스 연합군을 편성한 알렉산드로스는 기원전 334년 헬라스폰토스를 건넜다. 곧바로 그곳에서 로도스의 멤논과 페르시아 태수들의 병력을 그라니코스 전투에서 격파했다. 그 뒤 페르시아 해군을 견제하기 위해 아나톨리아 항구 도시를 점령하면서 남하했고, 그해 겨울에는 4개월에 걸친 포위 끝에 할리카르나소스를 점령했다. 이로써 아나톨리아는 마케도니아의 패권하에 들어오게 되었다.

알렉산드로스의 다음 행선지는 페르시아의 주력 영토 중 한 곳인 시리아였다. 기원전 333년 여름, 페르시아의 다리우스는 알렉산드로스를 맞이하기 위해 대군을 편성했다. 로마의 역사가 아리아노스는 페르시아군이 60만 대군이라고 했으나 현대 학자들은 이를 과장된 숫자로 본다. 현대의 추정으로 보면 기병과 보병을 합해 대략 10만 명정도였을 것이다. 그렇다 하더라도 페르시아군이 마케도니아군에 비해 두 배 이상의 규모였던 것은 분명하다.

스스로 망치 역할을 한
알렉산드로스

드디어 두 부대가 만난 곳은 이소스 평원이었다. 한쪽으로는 산이 있고 한쪽에는 바다가 있는, 공간이 넓지 않아 기병의 숫자가 적은 마케도니아가 해 볼 만한 장소였다.

두 부대는 강을 사이에 두고 대치했다. 가까이 접근했을 때 먼저 움직인 것은 알렉산드로스가 이끄는 기병대였다. 그는 병사들을 향해 이렇게 외쳤다.

"지금이야말로 마케도니아군의 용기를 보여 줄 때다!"

자신이 앞장설 테니 뒤를 따라 용감하게 전진하라고 말이다. 알렉산드로스의 기병들은 일제히 강을 건넜다. 이때 마케도니아군이 페르시아 궁병의 사격을 받았는데 빠른 속도로 돌진한 덕분에 페르시아군을 놀라게 했다. 곧바로 전투가 벌어졌다. 마케도니아 기병이 페르시아 경보병을 완전히 무너뜨렸고 강을 건너기 시작한 마케도니아 보병대와 페르시아 보병 간의 치열한 전투가 벌어졌다.

이 싸움에서 가장 돋보인 활약을 한 것은 사령관 알렉산드로스였다. 번쩍이는 황금 갑옷을 입고 최전방에서 싸우는 그의 모습은 확실히 눈에 띄었다. 그가 집중 공격을 받을 확률이 높았으나 곁에서 호위하는 병사들은 마케도니아군에서 가장 용맹하고 힘 좋은 자들이어서 알렉산드로스에 대한 접근을 쉽게 허용하지 않았다. 알렉산드로스는 전방에서 종횡무진 활약했고 페르시아 기병은 점점 뒤로 밀렸다. 총사령관이 기병대의 선두에 서서 맹활약하니 뒤를 따르는 기병대 또한 용감하게 싸운 것이다.

알렉산드로스가 노린 것은 페르시아군을 지휘하는 다리우스였다. 다리우스의 지휘부가 동요할 경우 페르시아 대군 전체가 흔들릴 가능성이 있었다. 페르시아군에는 용병 부대가 다수 포함되어 있었고 그들은 언제든 흩어질 수 있었기 때문이다. 결국 알렉산드로스의 목적은 이루어졌다. 자신에게 가까이 다가온 알렉산드로스에 놀란 다리우스는 말을 돌려 달아나기 시작했다. 다리우스뿐 아니라 그의 뒤에서 이 광경을 목격한 페르시아군도 왕이 달아나자 겁에 질려 뿔뿔이 흩어졌다. 폼페이의 카사 델 파우노라는 로마 귀족의 집 마당에 장식되었다가 현재는 나폴리 국립 박물관에 전시되어 있는 이소스 전투 현장 모자이크, 바로 그 모습대로였다.

이 싸움에서 알렉산드로스는 다리우스의 막사에서 다리우스의 어머니와 아내, 그리고 딸을 포로로 잡았다. 다음 날 알렉산드로스는 병사들에게 전투 현장에서 얻은 막대한 전리품을 나누어 주고 몸소 부상병들을 위로했다. 한편 다리우스는 4,000여 명의 병사와 동쪽으로 달아나 간신히 병력을 수습했다. 하지만 이소스의 전투 결과 페르시아는 시리아 전역을 알렉산드로스에게 내주게 되었고 알렉산드로스는 신속히 남하하여 시리아, 유다, 이집트를 모두 점령할 수 있었다.

알렉산드로스가 짧은 치세 동안 항상 승리를 거둘 수 있었던 것은 언제나 앞장서서 부대를 이끌었기 때문이다. 왕권이 강하지 않은 시절, 실력을 보여 주지 못한다면 강한 권력을 행사하기 쉽지 않다. 20세에 마케도니아의 왕위에 오른 알렉산드로스의 권력도 그리 크지 않았다. 때문에 알렉산드로스가 했던 것은 언제나 솔선수범, 앞장서 군대를 이끄는 것이었다. 그가 창안한 망치와 모루 전술에서 그는 언제나 적을 타격하는 망치의 역할을 했다. 강력한 마케도니아의 팔랑크스가 모루처럼 적을 붙잡고 있는 동안 그가 이끄는 기병대는 적을 타격했다. 특히 맨 앞의 꼭짓점에 그가 있었다. 적에게 표적이 되어 죽을 가능성이 상당히 높았는데도 솔선수범하여 이끈 것이다. 리더의 권위는 스스로 만드는 것이다. 위험을 무릅쓰고서라도 앞서 달려가는 리더를 조직원은 따를 수밖에 없다.

손해를 보면서까지 이기지 마라

피로스의 승리
기원전 280년

그는 헛된 희망에 빠져 자신의 위업으로 얻을 것을 잃었는데, 언제나 자기가 갖지 못한 것을 열렬히 바라다가 자기가 가진 것을 안전하게 지키는 데 실패했기 때문이다.

-아자 가트(역사가)

백번 승리해도 자신이 큰 피해를 입는다면 그 승리도 의미가 없을 것이다. 이와 관련한 유명 전투가 있다. 일명 '피로스의 승리'다. 그는 로마와의 전투에서 여러 번 승리를 거두었으나 자신의 부대도 막대한 피해를 입어 싸우지 않은 것보다 못했다. 그래서 그의 이름을 딴 피로스의 승리는 이겨도 이긴 게 아닌 헛된 승리라는 뜻으로 사용된다.

고대 그리스 북서부 에페이로스의 왕이었던 피로스는 알렉산드로스 이래 뛰어난 전략·전술가로 이름을 날렸다. 당시 남부 이탈리아에는 해안 지역을 중심으로 그리스인이 개척한 도시가 많았다. 그런데 반도 중심부 라틴 지역에서 출발한 도시 국가 로마가 문제였다. 군사력이 강한 로마는 삼니움을 물리친 후 점차 남부 해안 지역에 있던 그리스 도시들을 공략했다. 로마의 확장에 위협을 느낀 도시들은 자신들을 구원해 줄 용병으로서 피로스에게 도움을 청했다.

실속 없는 승리의 대명사

기원전 280년, 이오니아해를 건너 이탈리아에 상륙한 피로스는 헤라클레아 전투에서 로마군에 승리를 거두었다. 다음 해 아스쿨룸 전투에서도 로마군을 상대로 승리를 거두었다. 문제는 피로스군의 피해도 컸다는 사실이다. 헤라클레아 전투에서는 휘하 병력 3만 5,000 중 4,000을, 아스쿨룸 전투에서는 병력 4만 명 중 3,000을 잃었다. 역사가 플루타르코스는 피로스의 말을 이렇게 기록했다.

"내가 만약 로마인들과 싸워 한 번 더 승리를 거둔다면, 우리는 완전히 끝장날 것이다."

결과적으로 피로스는 전투에서 로마군을 상대로 연전연승을 거두었으나 그에 따르는 손해가 너무 컸다. 거기에 시칠리아에도 개입하는 바람에 카르타고마저 적으로 돌려 버렸다. 결국 베네벤툼 전투 이후 전쟁을 계속할 의지를 잃어버린 피로스는 군대를 돌려 에페이로스로 돌아갔다. 전투에서 계속 이겼음에도 결과적으로는 로마가 남이탈리아를 지배하게 되었으며 얻은 것 없이 병력만 잔뜩 소모한 채 물러난 것이다. 피로스와 함께 바다를 건넌 3만 5,000의 병력 중 2만 이상이 돌아가지 못했다.

여기에는 그리스 도시들의 무성의한 태도도 문제였다. 30만 명을 지원해 준다던 약속도 제대로 지키지 않았고, 심지어 훨씬 막강한 카르타고의 해군에게 피로스가 대패하기도 했다. 만약 그리스 도시들이 충분히 지원해 주었다면 피로스는 전력을 복구할 수 있었을 것이며 로마에게도 더 큰 위협을 주었을 것이다.

물론 산술적으로 보면 로마군의 피해가 피로스군보다 더 컸다. 헤라클레아 전투에서 로마군은 손실이 전사자 약 7,000명, 포로 7,000명이었던 반면, 피로스군은 손실이 3,000에서 4,000명 정도만 있었으니 전투의 결과만 보면 피로스의 완승이었다. 아스쿨룸 전투에서도 로마군의 피해는 약 8,000명이었으나 피로스군의 피해는 3,000명으로 피로스군이 훨씬 더 잘 싸웠다. 하지만 결과적으로 피로스는 원하는 결과를 이루지 못하고 이탈리아에서 철군한 반면 로마는 이탈리아 반도 전체를 획득할 수 있었다. 로마군도 막대한 피해를 입었지만 로마는 이때도 이후에도 끊임없이 병력을 보충할 역량을 갖고 있었다.

피로스의 문제는 승리를 거둔 후에도 이를 제대로 활용하지 못한 데다가 병력 충원과 보급의 문제는 더 컸다는 것이다. 지속적으로 병력을 보충하고 병참 지원을 해야 했지만 피로스는 바다를 건너온 용병에 불과했고 이를 지원하는 그리스 도시들은 규모가 작았다. 강대국으로 성장해 가는 로마 공화국의 역량을 이겨 내기는 어려웠다는 이야기다.

일반적으로 피로스의 승리는 해서는 안 되는 일처럼 여겨진다. 아군의 막대한 손실을 입으면서까지 승리를 거둘 바에야 싸움을 하지 않는 게 낫다는 이야기다. 하지만 현실에서는 피로스의 승리 같은 일이 부지기수로 발생한다. 알렉산드로스, 한니발, 카이사르처럼 작은 병력으로도 더 강한 적을 물리친 위대한 장군들이 있지만 이는 매우 이상적인 경우고 대부분의 전투는 평범한 장군들의 지휘하에 치러진다. 아군이 막대한 피해를 입을 걸 알면서도 전쟁을 치러야 하는 경우도 많다. 이길 수만 있다면 감내할 만한 수준의 피해는 어쩔 수 없다고 생각하기 때문이다.

중요한 건 피로스에게는 병력과 자원을 보충해 주는 후방이 없었다는 점이다. 반면 상대편 로마는 피로스와의 전투에 패했지만 끊임없이 병력과 자원을 충원할 수 있었다. 결과적으로 피로스와의 전투에는 패했지만 장기적으로 전쟁에는 이겼고 이어지는 포에니 전쟁도 치러 낼 역량을 만들 수 있었다.

상대가 원하는 싸움에
응하지 마라

제2차 포에니 전쟁
기원전 217~203년

로마에게 승리를 안겨 준 일등 공신은 자마 전투의 승자인 스키피오 아프리카누스가 아니라 지연자 파비우스 막시무스였다. 그가 즐겨 사용한 지연과 고갈 전술이 한니발의 구도를 무력화하고 로마의 막대한 전쟁 동원력이 가동될 시간을 벌어 주었던 것이다. 그는 지연함으로써 국가를 구했다.

-프리츠 하이켈하임, 《로마사》

로마와 카르타고 간의 1차 포에니 전쟁은 강력한 해군력을 키운 로마의 승리로 끝났다. 이 전쟁의 여파로 카르타고는 부유한 시칠리아를 잃고 재정난에 빠졌다. 국가가 용병들에게 급료를 지불하지 못하는 사태에 이르렀고 그들은 반란을 일으켰다. 한니발의 아버지 하밀카르 바르카스가 용병들의 반란을 진압했으나 카르타고 귀족들은 그의 전공을 시기했다. 국내의 어지러운 정치에 환멸을 느낀 하밀카르는 본국을 떠나 에스파냐로 가서 그곳을 평정하고 세력을 구축했다.

아버지의 뒤를 이어받은 한니발은 로마를 정벌하지 않고는 세력을 유지할 수 없다는 결론을 내리고 기원전 218년 원정군을 편성하여 이탈리아로 출발했다. 우선 갈리아로 들어가 병력과 물자를 보충하고 알프스산맥을 넘는 길을 선택했다. 하지만 해발 4,000미터에 이르는 산이 즐비한 알프스를 추위와 싸우며 제대로 된 장비도 갖추지 않은 군대가 넘기란 쉬운 일이 아니었다. 한니발이 알프스를 넘기 시작할 때 보병 5만과 기병 1만 2,000, 그리고 코끼리 37마리가 있었지만 이탈리아에 도착하고 보니 보병 중 1만 2,000명이 목숨을 잃었고 기병은 4,000명이나 사라졌다. 더구나 코끼리는 대부분 죽어 겨우 한 마리만 생존한 상태였다.

하지만 그들에게는 한니발이라는 급수가 다른 리더가 있었다. 전리품을 얻기 위해 참가한 대부분의 카르타고 병사들에게 한니발은 국가에 대한 충성보다 자신에 대한 충성심을 요구했다. 자신과 함께하면 어떤 상황에서도 승리할 수 있다는 자신감을 불어넣어 주었다. 이는 이후 막강한 로마군을 연파하는 강력한 원동력이 되었다.

로마와 카르타고 사이의 전쟁은 한니발의 원맨쇼였다. 알프스를 넘어온 한니발을 맞아 로마군은 4만 명 군사를 포강 유역으로 보냈지만 첫 전투인 트레비아 전투에서 3만 명이 전사하는 패배를 당했다. 두 번째 싸움터는 안개가 자욱하게 낀 트라시메노 호숫가였다. 트레비아 전투의 승리로 병력 숫자를 5만 가까이 늘린 한니발은 로마군과의 싸움에 지형과 지세를 활용한 치밀한 작전을 구상했다. 반면 집정관 플라미니우스가 이끄는 로마군은 자신감에 차 있었고, 선발대로 나서 싸움을 건 한니발군을 발견하자마자 성급하게 뒤쫓기 시작했다. 이것이 한니발이 즐겨 쓰는 위장 퇴각 전술이었다는 걸 깨닫지 못하고 4만 군사 중 거의 반수가 적의 창칼에 죽거나 호수에 빠져 죽었다.

한니발과 파비우스 막시무스의 지략 싸움

새로 집정관 자리에 오른 파비우스 막시무스는 이런 상황을 깊이 인식했다. 로마군이 비록 강력한 보병 군단을 보유하고 있기는 해도 우수한 기병을 활용한 탁월한 전술 운용 능력을 가진 한니발을 이길 수 없다는 것을 깨달았다. 한니발의 약점은 본국으로부터 보급선이 끊긴 채 이탈리아에서 싸운다는 것이었다. 그를 이기려면 보급선을 끊고 병력을 소모시키는 것뿐이었다. 파비우스는 병사들을 보내 한니발과 교전을 벌이되 절대 대규모 전투로 이어지지 않도록 조심했다.

하지만 정정당당하게 적과 싸워 이기는 것을 자랑스러운 전통으로 이어 온 로마인들은 파비우스의 지연 전술을 이해할 수 없었다. 결국 파비우스는 매년 선거로 뽑히는 집정관 자리에 오를 수 없었다. 파비우스의 전략을 이해하지 못했던 사람들이 그를 '굼뜬 사람(cunctator)'이라며 비난했기 때문이다. 기원전 216년, 집정관에 오른 타렌티우스 바로와 아이밀리우스 파울루스는 6만 대군을 편성해 한니발이 침거하고 있는 이탈리아 남부로 떠났다. 장화처럼 생긴 이탈리아 반도 뒤축에 해당하는 칸나에 평원에서 벌어진 이 싸움은 한니발을 역사에 남을 전쟁 명수로 기억하게 만들었다. 강력한 기병을 바탕으로 양익 포위망을 구성한 한니발은 로마군 6만 명 중 5만을 학살했고, 원로원 의원을 포함하여 귀족을 80명이나 죽였다. 역사가들은 이를 칸나에 회전(Battle of Cannae)이라 부른다.

이렇게 많은 병력을 잃은 후 로마 원로원에서는 파비우스의 지연 전술이 옳았다는 것을 인정했다. 파비우스는 다시 집정관에 올라 한니발의 힘 빼기를 계속했다. 역사가들은 3차에 걸친 포에니 전쟁에서 로마의 완전한 승리를 알려 준다. 전쟁 천재 한니발을 맞이하여 연전연패했지만 판세를 읽을 줄 아는 파비우스를 통해 역사를 바꾼 로마인의 탁월함도 깨우친다.

당시 사람들은 로마가 승승장구해 왔던 전통으로 봤을 때 파비우스의 지구전 전략을 이해하기 쉽지 않았을 것이다. 하지만 칸나에 회전에서 많은 인명 손실을 본 후 그의 전략이 옳았다는 것을 인정할 수밖에 없었다. 그래서 그의 호칭은 점차 명예로운 '지구전주의자'로 바뀌었다. 오늘날에도 이렇게 지구전을 펼치는 것을 파비안 전술이라 부른다.

한니발이라는 뛰어난 적장을 만났을 때 무조건 정면 대결하는 것만이 옳은 것은 아니다. 질 것을 뻔히 알면서도 무조건 싸워서 패하는 것만큼 어리석은 것도 없다. 중요한 건 국토의 보존과 국민 생명의 안전, 그리고 장기적 이익의 확보다. 이를 위해서는 상황 판단을 정확하게 하고 때론 물러나고, 수비 위주의 전술을 사용할 수도 있어야 한다. 이는 국제 외교 무대, 스포츠 경기장, 기업 경영 현장 모두에서 적용될 만한 사례다.

좋은 것은
내 것으로 만든다

자마 전투
기원전 202년

스키피오가 물었다.

"가장 위대한 장수는 누구라고 생각하십니까?"

"첫 번째는 마케도니아의 알렉산드로스이고 두 번째는 피로스요, 그리고 세 번째는 바로 나요."

"자마에서 나에게 패한 것을 잊으셨습니까?"

스키피오의 물음에 한니발은 이렇게 대답했다.

"그래서 내가 세 번째요. 자마에서 내가 승리했다면 내가 첫 번째였을 거요."

-리비우스, 《로마사》

기원전 216년 벌어진 칸나에 전투에서 승리한 한니발은 압도적 전략으로 로마를 벼랑 끝까지 몰아붙였다. 한때는 로마시 성벽 부근까지 진출한 적도 있었다. 하지만 더 이상 진군하지 못했는데 당초 이탈리아로 침공할 때 전략적 목표 중 하나로 삼은 로마 동맹이 와해되지 않았기 때문이다. 로마시를 공략하려 포위전을 감행했을 때 로마 동맹군이 한니발군을 공격하는 상황이 예상되어 이를 견딜 수 없었던 이유가 컸다. 게다가 로마가 정면 대결을 피하고 지구전 양상으로 전략을 바꾸면서 전황이 지지부진해졌다. 본국에서 보급도 이루어지지 않는 상황에서 적지에 고립된 한니발은 거듭된 소모전으로 초반의 기세를 잃으며 이탈리아 반도의 남부 끝에 몰려 있었다.

한편 칸나에 전투에서 구사일생으로 살아남은 젊은 스키피오는 한니발의 본거지였던 이베리아로 파견되었다. 그곳에서 병력을 모아 카르타고노바를 점령하고 일리파 전투에서 카르타고군을 격파했다. 뒤이어 새롭게 편성한 부대를 이끌고 시칠리아에 상륙해 카르타고 세력을 몰아낸 후 마침내 카르타고의 본거지인 북아프리카로 진격하기에 이른다.

이렇게 되자 본국이 위험해진 카르타고는 한니발을 소환했고 이탈리아 침공이 실패한 것을 인식한 그는 싸웠던 정예병들과 함께 돌아왔다. 이제는 아프리카에서 로마의 스키피오 아프리카누스와 카르타고의 한니발 간의 일대 싸움이 일어나게 되었다. 이것이 자마 전투다.

알렉산드로스에게 한니발이, 한니발에게 스키피오가 배운 것

이 싸움의 결정적 키워드는 기병 전력의 확보였다. 한니발이 알프스를 넘어 이탈리아를 침공했을 때 그와 함께한 기병은 북아프리카 누미디아 출신들이었다. 당시는 안장만 갖추고 등자가 없던 시대였다. 재갈을 물리지 않아 말고삐도 없었는데 어릴 적부터 초원에서 말과 친숙했던 누미디아인은 뛰어난 승마술 덕분에 말을 자유자재로 다루는 능력을 갖추고 있었다. 이 능력을 활용해 적 기병에게 빠른 속도로 접근해 투창을 던지는 방식을 썼다. 승마 기술에서 누미디아 기병이 로마 기병보다 우위에 있었고 이것이 로마군을 격파할 수 있었던 결정적 수단이었다.

그런데 자마에서 한니발과 스키피오가 마주했을 때 누미디아의 주력 기병은 로마군에 더 많았다. 누미디아의 왕자 마시니사가 로마와 전략적 동맹을 체결하고 있었기 때문이다. 이렇게 된 것은 로마군 사령관 스키피오 아프리카누스의 혜안 때문이라고 할 수 있다. 그는 젊어서 칸나에 전투에 참여했고 여기서 한니발의 전략 전술을 이해했다. 따라서 카르타고의 본거지 아프리카에서 한니발과 붙어 싸우게된다면 기병 전력의 확보가 얼마나 중요한지를 알고 있었다. 그래서 누미디아의 젊은 후계자였던 마시니사와의 협력 구축에 전력을 기울였던 것이다. 그렇게 해서 자마 평원에서 로마군 보병 2만 9,000명, 기병은 6,000에서 6,500명과 카르타고군 보병 4만 명과 기병 4,000명이 대치하게 된다. 여기에 카르타고군에는 코끼리 80마리가 있었다고 한다.

싸움은 카르타고의 코끼리 80마리가 일제히 로마군을 향해 돌진하는 것으로 시작되었다. 하지만 로마군은 이에 당황하지 않고 부대 간 간격을 열어 코끼리 부대가 지나치도록 만들었다. 이후 싸움은 기병대 간 우위의 대결이었다. 여기서 결정적으로 카르타고 기병대의 열세가 드러났다. 코끼리 부대가 만들어 놓은 전장의 혼란은 카르타고 기병의 운신의 폭을 좁혔고 그것이 로마 기병대의 우위를 만들어 주었다.

이어진 보병대 간의 밀고 밀리는 치열한 대결은 막상막하였다. 카르타고 보병대 숫자에서 로마 보병에 밀리지 않았기 때문이다. 하지만 카르타고 기병을 멀리 쫓아낸 로마 기병이 돌아와 카르타고 보병대를 포위하자 전황은 한쪽으로 기울어졌다. 그렇게 카르타고군은 포위된 채 죽어 가야 했다. 칸나에 전투에서 한니발이 기병대의 우위를 바탕으로 로마군을 포위해 살육전을 벌인 것처럼 자마에서는 역할이 바뀌었다.

알렉산드로스는 기병대를 적극 활용해 페르시아를 공략했고 한니발은 알렉산드로스의 기병 전술을 응용해 칸나에에서 로마군에 승리했다. 그 칸나에 전투에서 한니발의 전술을 확실하게 배운 스키피오는 자마에서 한니발을 물리쳤다. 알렉산드로스는 한니발에게, 한니발은 스키피오에게 기병을 활용한 승리 전술을 전수해 준 셈이다.

뉴턴의 "거인의 어깨에서 세상을 본다"라는 말처럼 앞선 이에게서 배운다는 것이 얼마나 중요한지를 깨우쳐 준다. 역사는 반복된다고도 하고 그렇지 않다고도 한다. 여기서 반복된다고 말할 때는 것은 역사 속에서 배울 것이 많다는 의미다. 앞선 이들에게서 얼마나 배우고 있는가? 얼마나 거인의 어깨 위에서 세상을 보려고 애쓰는가?

위기 대처 능력이
진짜 실력이다

알레시아 공방전
기원전 52년

만약 우리 병사들이 그날의 전투와 수많은 지원 공격으로 지치지만 않았
다면 적을 전멸시킬 수도 있었을 것이다.

-율리우스 카이사르, 《갈리아 원정기》

카이사르의 나이 42세가 되었을 때 전임 집정관 자격으로 임기 5년
의 속주 총독으로 부임하게 되었다. 이탈리아 북부 갈리아 키살피나
가 원로원으로부터 받은 임지였지만 그가 원하는 것은 새로운 영토
정벌을 통한 업적이었다. 그래서 속주 통치에 안주하지 않고 군사를
모아 알프스를 넘어 진격했다. 먼저 스위스 지역을 벗어나 이동하고
있던 헬베티족을 죽이고 그들을 본래의 땅으로 돌려보내는 일로부터

갈리아 정벌이 시작되었다. 그로부터 7년 동안 카이사르와 그의 군단은 갈리아 전역 부족들을 물리쳤고, 갈리아인을 사로잡아 노예로 팔아서 경제적 이득을 취했다.

그렇게 갈리아 정벌이 완성되었다고 생각되던 기원전 52년 여름, 이전까지 볼 수 없었던 강력한 리더에 의한 군사 봉기가 로마군을 위협했다. 새롭게 아르베니족 족장이 된 베르킨게토릭스가 갈리아 전체에 로마군에 대항하여 싸우자고 호소하기에 이르렀다. 그는 다른 갈리아 부족장들과는 달랐다. 로마처럼 강력한 군대를 만난 적 없었던 선배들과 달리 로마군의 전략을 잘 알고 있었다. 이전처럼 한 부족만으로 로마를 상대해서는 적을 이길 수 없고 갈리아 전체가 단합해야 로마군을 이길 수 있다고 보았다.

먼저 그는 로마군의 식량 보급을 끊기 위해 도시를 불대우고 초토화했다. 시골 지역을 돌아다니며 소외된 사람들과 피지배층을 모아 군사력을 키웠다. 힘이 점점 커지자 모든 부족에게 인질을 요구하고 일정한 병사를 보내도록 강제했다. 엄격한 군기를 유지하기 위해 훈련을 강화하고 명령을 따르지 않는 자들은 형벌을 부여하거나 고향으로 돌려보냈다. 그리고 로마군과 정면 대결을 피해 8만여 군사를 이끌고 갈리아인의 성지 알레시아로 올라갔으며 데리고 있던 모든 기병을 자신들의 부족으로 달려가 구원을 요청하게 했다. 만약 부족들이 구원해 주지 않는다면 자신들은 성지와 함께 전멸할 것이라는 소식을 함께 전했다.

병력 5만으로 적군 34만을 무찌른
카이사르

베르킨게토릭스가 알레시아 언덕에 집결했다는 사실을 안 카이사르는 곧바로 그곳을 포위했다. 그런데 로마군 포위망은 농성 중인 베르킨게토릭스를 포위하면서도 바깥쪽 갈리아 구원군에게도 대항할 수 있어야 했다.

이러한 특이 상황에 대비하기 위해서는 카이사르와 그의 군대가 가진 뛰어난 공병 기술이 필요했다. 카이사르는 한 달 동안 알레시아 언덕을 따라 16킬로미터의 내부 진지를 구축하는 한편 주변 고지대 능선을 따라 21킬로미터의 외곽 진지를 완성했다. 진지 밖으로 참호를 파고 물을 끌어들여 해자를 만들었고 흙 둔덕 위에 나무 방책을 만들고 방어선 곳곳에는 23개 보루를 세웠다. 또 참호 바깥쪽을 따라 만들어진 함정에는 뾰족하게 잘라 내고 불에 그슬린 나무 꼬챙이를 세웠다. 안쪽 진지는 알레시아 언덕의 공격을 막기 위한 것이었고, 바깥쪽 진지는 곧 다가올 갈리아 구원군을 저지하기 위한 것이었다. 두 진지 사이에는 약 120미터 넓이의 공간이 있었는데 이곳에 로마군이 위치했다.

그해 9월 20일이 되자 베르킨게토릭스가 자신들을 구조하라고 보낸 갈리아 기병들이 지원군과 함께 속속 도착했다. 그 숫자는 엄청나게도 26만 명에 달했다. 이제 로마군은 5만의 병력으로 안팎을 합쳐

34만에 달하는 적과 싸우게 됐다.

드디어 싸움이 시작되자 수적으로 우세한 갈리아 기병들이 로마군 진지를 향해 돌격했다. 알레시아 언덕 위쪽 갈리아군은 아군에 호응하여 로마군을 공격했으나 안쪽 포위망을 뚫지 못하고 다시 요새로 물러났다. 갈리아군은 다양한 공성 기구를 준비해 계속 공격했으나 로마군을 뚫지 못했다. 탁월한 위치에 건설된 로마 요새 시설은 한 군데도 적의 접근을 허락하지 않았다.

며칠 동안 로마군을 공략하는 데 애를 먹던 갈리아군은 로마군의 약점을 발견했다. 지형이 불리해 방어 시설을 하지 못했던 북쪽이었다. 갈리아군은 무기를 투척했고 방어 시설에 흙을 던져 땅속에 파 놓은 함정들을 덮는 동시에 방벽을 타고 오르는 길을 만들었다. 이때의 전투가 알레시아에서 가장 치열했고 동시에 로마군에게는 최대 위기였다.

갈리아군의 총공세에 포위망 몇 군데가 뚫리고 토루와 참호가 점령되기에 이르자 카이사르는 직접 기병대와 보병대를 이끌고 참호 밖으로 나가 적과 맞섰다. 이때 훈련이 부족한 병사들이 대부분인 갈리아군은 로마군의 적수가 되지 못했고, 수많은 시체를 남긴 채 달아나기 시작했다. 로마 기병들은 패주하는 적들을 추격해 살해했고 그렇게 전투는 끝이 났다.

이 전투 결과 로마군은 병사 1만 2,000명이 전사했지만 갈리아군은 상당수가 사망하거나 도망쳤다. 5만도 안 되는 병력이 34만이나 되는 적을 물리친 것이다. 그것도 안쪽과 바깥쪽에 있던 엄청난 숫자의 적을 상대해서였다. 지형이 가진 특징을 잘 활용해서 만든 카이사르의 이중 포위망이 완벽한 것은 아니었다. 북쪽 지역은 보루와 참호를 제대로 만들 수 없었는데 그곳 레아산 경사면이 고르지 않았기 때문이다. 이를 눈치 챈 갈리아군은 이곳을 집중 공략했고 로마군도 막심한 피해를 입었다.

역사적으로 카이사르의 알레시아 공방전만큼 다이내믹하고 흥미로운 사례도 드물다. 소수의 아군으로 다수의 적을 물리친 사례는 많지만 안쪽과 바깥쪽에서 동시에 적과 싸우겠다는 발상 자체가 혀를 내두르게 한다. 보루의 양쪽에서 적과 전투를 치러야 한다는 이야기를 카이사르에게 들었을 때 병사들은 얼마나 두려웠을 것인가? 하지만 그는 부하들의 신뢰를 얻는 데 탁월한 역량을 가진 리더였다. 적절한 사례를 들어 그들을 격려했고 그들이 만든 요새가 얼마나 견고하게 지어졌는지를 말했다. 또한 실제 전투가 한창일 때는 붉은 망토를 입고 현장을 누볐다. 그가 나타나면 부하들은 열광하며 목숨을 다해 적과 싸우려 했다. 결과적으로 뛰어난 리더를 향한 부하들의 신뢰가 전투를 승리로 이끌었다.

자신의 노하우로
이끌어라

파르살루스 전투

기원전 48년

위대한 결정은 다만 수행될 뿐이다. 심사숙고하는 게 아니다.

-율리우스 카이사르

멋진 연설로 부하 장수들의 열정을 이끈 가장 고전적 인물은 율리우스 카이사르다. 전투를 시작하기 전 자줏빛 망토를 휘날리며 병사들을 격려하면 그들은 목숨을 아끼지 않고 싸움에 임했다. 카이사르가 남긴 유명한 두 문장이 있다.

"주사위는 던져졌다(alea iacta est)."

"왔노라, 보았노라, 이겼노라(veni, vidi, vici)."

첫 번째 말은 로마와 속주의 경계인 루비콘강을 건너면 국법을 어기는 상황이 되기에 함께 있던 병사들에게 용기를 주기 위해 한 말이다. 군대를 해산해야만 건널 수 있다던 루비콘강을 건너는 심정을 간단한 문장으로 표현했다.

두 번째 말은 기원전 47년 폰토스와의 전쟁에서 승리한 직후 로마 시민과 원로원에 보낸 승전보에 썼다고 전해진다. 이제 승리했으니 로마로 돌아가 나라를 재건하겠다는 자신감을 보여 준다. 이 소식을 들은 시민들은 환호성을 질렀을 것이고, 카이사르 반대파 원로원 의원 몇몇은 위태로운 처지가 걱정되어 불안한 날을 보내야만 했을 것이다.

동고동락한 전우들과
노련하게 이긴 카이사르

루비콘강을 건너 이탈리아로 들어간 후 카이사르의 운명을 건 일전은 폼페이우스와 겨룬 파르살루스 전투다. 카이사르군은 이전까지는 로마군이 아닌 외적과 싸웠기에 승리에 대한 자신감이 충만했다. 자질이나 훈련량, 조직력 등에서 로마군을 이길 상대는 없었기 때문이다. 8년간의 갈리아 정벌에서는 조직화되지 않은 갈리아인을 상대로 치고 빠지며 신속한 기동을 펼쳐 지역을 평정했다.

하지만 이번 상대는 역전의 용사 폼페이우스가 지휘하는 같은 로마군이었다. 기원전 48년 당시 폼페이우스는 그리스 지역에서 대규모 군대를 편성해 디라키움에서 진을 치고 있었다. 폼페이우스가 이끄는 군대는 카이사르군을 압도할 만큼 충분한 병력과 보급을 갖추고 있었고 사기도 높았다.

그해 7월이 되자 카이사르는 아드리아해를 건너 디라키움에 접근했다. 여전히 해군의 열세로 보급이 사실상 불가능한 상황에서 폼페이우스의 보급 거점인 디라키움에 포위 공세를 취했다. 이 싸움의 결과는 폼페이우스의 승리로 끝나고, 이 전투를 기점으로 공세의 주도권이 폼페이우스로 넘어간 상태가 되었다.

이걸로 기가 죽을 카이사르가 아니었다. 폼페이우스가 물러나 진을 치게 된 파르살루스 평원으로 이동해 다시 대결을 벌였다. 당시 두 세력 간 전력은 크게 차이가 났다. 폼페이우스 군단병은 3만 6,000명이고 기병이 7,000이나 되었다. 이에 비해 카이사르에게는 군단병 2만 2,000명과 기병 1,000명뿐이었다. 그러나 카이사르에게는 결정적으로 믿음이 있었다. 카이사르 휘하의 군대는 얼마 전까지 갈리아에서 함께 전쟁을 치른 고참 정예병이 다수였다. 상대하는 폼페이우스군은 지휘관조차 전투 지휘에서 손을 뗀 지 오래되었고, 휘하 군대도 경험이 극도로 부족한 동방 군대가 주축이었다.

드디어 파르살루스 평원에서 카이사르와 폼페이우스가 격돌했다. 병력 숫자에서 2 대 1로 열세였던 카이사르는 폼페이우스를 향해 전광석화 같은 치고 빠지기 전략을 구사했다. 수적으로 절대 열세였던 기병대를 살리기 위해 고참병 2,000명을 따로 분리해 별동대를 편성했고 기병과 경보병을 결합해 폼페이우스의 기병을 차단했다. 이 전략이 제대로 먹혀들어 폼페이우스 기병은 기동 공간을 확보하지 못해 패전에 이르러 쫓기게 된다. 그다음 수순은 폼페이우스 보병대를 포위하고 섬멸하는 단계였다.

폼페이우스군에 비해 전력이 열세였지만 카이사르군은 사기가 충만했다. 이 전투에서 이기면 적이 가진 재물을 균형 있게 배분하리라는 지휘관에 대한 믿음 때문이었다. 10여 년간 전투에서 고락을 함께한 카이사르에게 절대적인 신뢰가 있었고 이러한 믿음은 승리로 이어졌다. 또한 패한 폼페이우스군에게도 카이사르의 명성이 전해져 그들 다수는 제대로 싸우지 않고 항복하기에 이른다. 같은 로마군끼리 다투고 싸우지 말자고 한 카이사르의 연설이 제대로 먹혀든 것이 이 전투에서 사망자가 극히 적었던 까닭이다.

이후 카이사르와 병사들은 레반트, 북아프리카, 에스파냐 등지에 남아 있던 폼페이우스파 잔당들을 소탕했다. 기원전 45년이 되어 로마로 돌아온 카이사르는 종신 독재관에 취임해 나라를 개혁하기 시작했다. 물론 그에게 충성을 맹세한 병사들이 충분한 보상을 받았음은 물론이다.

전력이 강하다고 전쟁에서 언제나 승리하는 것은 아니다. 적이 예상치 못한 새로운 전술을 들고 나와야만 승리하는 것도 아니다. 상대가 어떤 전술을 쓸지 모두가 다 아는 상황에서는 얼마나 정성 들여 실행하는가에 결과가 달라진다. 압도적 전력을 가진 폼페이우스를 이기기 위해 카이사르가 쓴 전술은 특별할 게 없다. 다만 현장 상황을 파악하고 조금은 다르지만 적절하게 결정한 카이사르의 명령을 병사들이 절대 신뢰했고 이를 적극 실행에 옮겼다.

우리는 참신하고 획기적인 대책을 찾으려 많은 시간을 쓴다. 하지만 우리가 가진 자원은 정해져 있고 사용할 수 있는 무기도 뻔하다. 그렇다면 여기서 승리할 방법은 뭘까? 현장에는 언제나 작은 빈틈이 있다. 지형도 다르고 날씨는 매일 바뀐다. 머리로는 이해하지만 실천을 잘하는 사람은 매우 드물다. 실행하는 사람의 마음은 언제나 흔들린다. 결국 승리하는 사람은 현장의 빈틈을 확인하고 환경의 변화를 체크하며 제대로 된 실천을 하는 이일 것이다.

경솔은 순간이지만
잘못은 평생 간다

카르헤 전투

기원전 53년

크라수스는 너무나 많은 실수와 실패를 거듭하여 행운의 신조차 그를 도울 수 없게 만들었다. 그 어리석음 때문에 로마인이 파르티아군의 희생물이 되었을 뿐만 아니라 그 한 사람의 어리석음이 로마의 왕성한 행운을 꺾어 버렸다는 사실이다.

-플루타르코스

기원전 1세기, 크라수스는 카이사르, 폼페이우스와 함께 삼두 정치로 로마를 이끌었지만 점점 흔들리는 입지로 인해 고민했다. 그 이유는 경쟁자들이 너무 잘나서였다. 북방으로 원정을 떠난 카이사르는 몇 년 안 된 사이에 갈리아를 평정했다는 소식을 연일 로마로 들려주었다. 이전까지 카이사르는 크라수스를 비롯한 로마의 재력가들에게 많은 빚을 지고 있었지만 갈리아에서 쌓은 막대한 부로 모든 빚을 청산할 단계에까지 이르렀다. 세 사람 중 가장 젊은 폼페이우스는 지중해의 해적을 일소하고 미트리다테스 전쟁에서 승리를 거두어 '마그누스'라는 별칭으로 불리고 있었다.

반면에 크라수스가 세운 공적은 스파르타쿠스의 노예 반란을 진압한 것뿐이었다. 그마저도 로마 시민에게 제대로 인정받지 못했다. 외부 정복을 통해 성장한 로마에서 대중은 크라수스의 노예 반란 진압보다는 카이사르나 폼페이우스의 대외 정복에 더 열광할 수밖에 없었다. 이에 크라수스는 새로운 군사 업적이 필요했고 그 목표물로 선택한 것이 동방의 떠오르는 강국 파르티아였다. 그때까지 파르티아는 로마에 적대적 행위를 하지 않았고 우호 관계였지만 그건 큰 문제가 아니었다. 크라수스의 군사 업적에 필요한 적절한 상대일 뿐이었다.

성급하게 나선 크라수스가
치른 대가

자신의 돈으로 군단을 편성해 시리아로 건너간 크라수스는 파르티아를 향해 나아갔다. 그에게 6,000명의 기병 지원을 약속한 동맹국 아르메니아에서는 크라수스에게 평지 대신 아르메니아 산악 지대를 통과하라는 제안을 했다. 하지만 크라수스는 이를 거절하고 메소포타미아의 사막 지대를 가로지르는 길을 택했다. 최단 루트로 가서 파르티아의 중심 도시 셀레우키아를 노리려는 목적에서였지만 이것이 가장 큰 실책이 될 줄은 몰랐다. 제대로 준비도 없이 폭염이 내리쬐는 사막 지대를 중무장한 보병이 통과한다는 것은 너무도 무모한 행동이었기 때문이다. 그가 자신감으로 똘똘 뭉친 것이 무리는 아니었다. 그때까지 로마군은 무적이었고 주변 적들에 언제나 승리를 거두었으니 자신도 못할 것 없다는 생각을 했을 것이다.

크라수스군은 총 2만 8,000에서 3만 정도의 로마 군단병과 4,000명의 궁병으로 구성되어 있었다. 여기에 용맹한 갈리아 기병도 4,000명이나 있었다. 이를 상대하는 파르티아군은 참전한 병력 숫자가 많지 않았다. 겨우 9,000여 명의 경무장 궁기병과 4미터 이상의 장창과 철퇴, 장검으로 중무장한 철갑 기병 1,000여 명이었다. 하지만 파르티아가 준비한 비장의 무력은 낙타 1,000마리와 짐수레 200여 대로 구성된 화살 보급 부대였다. 이렇게 두 세력을 보니 로마군의 상대는 지금까지 경험해 보지 못한 군대였다. 보병은 없었고 강력한 철기병과 엄청난 화살 세례를 쏟아부을 궁병이었던 것이다.

파르티아군의 수장 수레나스는 처음에는 철갑 기병을 이용해 공격 겸 탐색전을 시도했다. 로마군의 시야 범위에 접근한 철갑 기병들이 위장용으로 입고 있던 겉옷들을 벗어던지고 번쩍이는 갑옷을 과시하는 퍼포먼스를 보여 주기도 했다. 이후 정면 돌격도 시도했지만 애초 그 숫자가 1,000명을 조금 넘을 뿐이어서 로마군에게 큰 위협이 되지 못했다.

이 싸움의 본격 전개는 수레나스가 궁기병들을 앞세워 화살 세례를 퍼부으면서부터였다. 넓게 퍼진 궁기병들이 로마군을 에워싸고 엄청난 화살을 쏘아 대기 시작했다. 로마군은 기병과 경보병이 맞서 싸웠으나 비처럼 쏟아지는 화살을 당해 내기가 쉽지 않았다. 중무장 보병인 로마 군단병은 근접전을 위해 전진했으나 발 빠른 파르티아 궁기병은 따라잡히지 않았고 멀리서 활만 쏘아 댈 뿐이었다. 이때 등 뒤로 활을 쏘면서 도망가는 파르티아 기병들 때문에 '파르티안 샷'이라는 말이 생겨났다.

로마군 중무장 보병들의 방패에는 엄청난 화살이 꽂혔고 방패로 미처 가리지 못한 팔다리에 화살을 맞아 부상당하는 병사들이 속출했다. 보병들이 집단 대형을 갖추고 방패를 높이 쳐들면 화살을 막아 낼 수 있었지만 그 대신 기동성과 근접 전투력이 현저히 저하되어 파르티아 철기병의 장창 공격에 큰 피해를 입었다. 여기에 1,000마리의 낙타 부대에서 끊임없이 화살이 공급되어 로마군은 하나둘씩 화살 공격에 죽어 나갔다. 이 싸움에서 로마군은 대패하고 많은 숫자가 죽거나 포로가 되었다. 살아 돌아온 이는 30퍼센트에 지나지 않았으며 총사령관 크라수스는 사로잡혀 처형되었다.

크라수스에 대한 후대의 평가는 그리 좋지 않다. 그는 삼두 정치의 일원이었지만 다른 두 사람이 영웅 취급을 받는 데 비해 돈 많은 졸부의 이미지였다. 하지만 당시 역사 기록을 보면 같은 시대를 살았던 이들은 그를 단순 부자만으로 평가하지 않고, 로마 공화국의 뛰어난 리더 중 한 사람으로 묘사했다. 그런데 후대에 그에 대한 평가가 좋지 않게 된 것은 그의 마지막이 비참하기 이를 데 없었기 때문이다. 그가 치른 카르헤 전투는 로마 공화정 시대의 치욕적인 패전 가운데 하나였다. 싸울 생각이 없던 파르티아를 억지로 상대했고, 더구나 1만여 명에 불과한 적에게 패했기 때문이다.

그의 인생이 실패로 귀결된 것은 경쟁자를 빨리 이기려는 조급한 마음 때문이었다. 전투에 나가면서도 사전 정보 수집을 게을리했고 파르티아의 활을 과소평가하기도 했다. 그의 가장 큰 실수는 신중한 계획 대신 자신의 욕심과 자만심에 이끌려 전장에 나섰다는 점이다. 만약 그가 좀 더 치밀한 전쟁 계획을 세우고 실행에 옮겼다면 당시 최강의 로마군이 이처럼 허무하게 패배하지는 않았을 것이다.

끝날 때까지
끝난 게 아니다

악티움 해전
기원전 31년

안토니우스는 사령관으로서는 물론 남자로서도 너무나 부끄러운 일을 저질렀다. 그것은 완전히 이성을 잃은 사람이었는데 클레오파트라가 돛을 올리고 달아나자 자신도 그 뒤를 쫓아가기 시작했다. 자신을 위해 싸우고 자신을 위해 죽어 가고 있는 부하들을 잊은 채 그녀의 뒤꽁무니를 따랐다.

-플루타르코스

　　기원전 31년 9월 2일 그리스의 악티움곶 인근 이오니아해에서 해전이 벌어졌다. 옥타비아누스 측 마르쿠스 아그리파 대 안토니우스와 클레오파트라 연합 함대의 교전이었다. 여기서 옥타비아누스가 승리함으로써 클레오파트라의 프톨레마이오스 왕조가 몰락했으며 치열한 경쟁자였던 안토니우스를 물리쳤다. 옥타비아누스는 로마의 전 영토에 대한 권리가 확고해지자 '프린켑스'라는 칭호를 선택했고 원로원으로부터는 '아우구스투스(존엄한 자)'라는 칭호를 수여받았다. 역사가들은 이를 로마 공화정의 종말이자 로마 제정 시대의 시작으로 본다.

옥타비아누스와 안토니우스는 모두 카이사르와의 인연이 정치적 힘의 원동력이었다. 옥타비아누스는 카이사르 누이의 유일한 혈족이었고, 안토니우스는 카이사르의 군단에서 명성을 떨친 장군 출신이었다. 그렇게 형성된 제2차 삼두 정치는 안토니우스가 옥타비아누스의 누이인 옥타비아와 이혼하고 클레오파트라와 결합하면서 깨졌다. 더구나 카이사르와 그녀의 아들 카이사리온을 카이사르의 후계자로 천명하고 클레오파트라와 연합하여 이집트를 중심으로 동방의 국가를 세우려 한다는 의심을 받았다.

잘못된 판단으로
죽음을 맞이한 안토니우스

이제 둘 사이에는 전쟁만이 남았다. 수도 로마를 포함한 서부 지역은 옥타비아누스의 세력권이었고 동방 지역은 안토니우스가 강력한 권력을 행사하고 있었다. 결국 두 지역의 경계선인 그리스 서해안의 악티움 지역에서 맞붙을 수밖에 없었다. 아그리파가 지휘하는 옥타비아누스 측 함대는 250척이었는데 전체적으로 작으면서도 속도가 빠른 전함으로 구성되어 있었다. 안토니우스 휘하의 전함은 230척이었는데 비교적 규모가 컸다. 안토니우스는 우익을 지휘했고 클레오파트라가 이끄는 이집트 선단은 맨 뒤에 자리 잡았다.

당시 해군끼리의 전투 방식은 이랬다. 뱃머리에 달린 충각으로 상대편 배의 옆구리를 빠르게 들이받는다. 이어서 중무장한 보병이 상대편 배로 건너가 싸우는 것이었다. 얼마나 빨리 기동해 상대 배를 들이받는가, 일대일 대결에서 어느 측이 용감하게 싸우는가가 관건이었다.

전투는 오후 내내 지속되었으나 우열이 가려지지 않았다. 전함의 크기에서는 안토니우스 측이 유리했으나 아그리파의 함대는 기동 속도가 빨랐다. 여기에 안토니우스에겐 약점이 있었는데 그가 부리는 배들 상당수가 정원을 채우지 못했다는 사실이다. 당시 말라리아가 유행해 많은 병사가 목숨을 잃었기 때문이다. 많은 노잡이가 죽는 바람에 거대 전함의 장점을 살리기 어려웠다. 그러나 이것으로 전쟁의 승패가 결정된 것은 아니었다. 그런데 후방에서 전황을 지켜보던 클레오파트라 함대가 이탈했고 이를 바라본 안토니우스도 몇몇 배를 이끌고 전장을 이탈했다. 이것이 악티움 해전의 결과를 결정해 버렸다.

만약 그가 이곳을 떠나지 않고 끝까지 다투었다면 전쟁의 결과는 어땠을까? 클레오파트라가 전장을 이탈한 것이 납득이 가지 않는 일인 건 분명하다. 당시 전장은 아직 우열이 판정되지 않은 상황이었다. 하지만 사령관 안토니우스가 전장을 떠남으로써 전세가 급격히 기울어졌다. 그리고 그가 거느리던 동방의 모든 권력이 무너져 버렸다. 그것은 안토니우스의 오판이라고 말할 수밖에 없다. 그는 이 해전의 결과를 대수롭지 않다고 여긴 것이다. 비록 해전에서 지더라도 그에게는 동방 지역의 풍부한 물산과 무려 19개 군단과 1만 2,000기의 기병이 있었으므로 재정비한다면 옥타비아누스를 이길 수 있으리라는 계산을 했을 것이다.

하지만 전세는 그렇게 흘러가지 않았다. 안토니우스가 클레오파트라와 전장을 빠져나갔고 이것이 패전으로 이어졌다는 소식이 동방에 퍼졌다. 시민과 속주민들은 이 교전으로 사실상 패권 다툼이 결정되었다고 보았다. 이미 안토니우스는 로마인의 민심을 크게 잃은 상태였는데 그가 제국을 삼분해 클레오파트라의 아들과 함께 공동 통치하겠다고 천명했기 때문이다. 해전의 패배 이후에는 로마 원로원이 그를 반역자로 선포하고 모든 공직에서 추방했기에 안토니우스는 더 이상 동방에서 명령을 내릴 권한이 없었다. 때문에 많은 병사가 전선을 이탈해 옥타비아누스 편으로 돌아설 수밖에 없었다. 그들은 안토니우스 휘하의 병사 이전에 로마군이었기 때문이다.

안토니우스는 이집트로 도망쳤지만 그를 맞이하는 이는 클레오파트라 외에는 아무도 없었고, 끝내는 그녀의 품에서 죽을 수밖에 없었다. 그리고 클레오파트라와 그 아들 카이사리온도 같은 운명이었다.

안토니우스는 삼두 정치의 일원으로 로마의 정치를 좌지우지했음에도 완벽한 판단 미스를 범했고 결국 허무하게 몰락했다. 야구 명언 중에 "끝날 때까지 끝난 게 아니다"라는 말이 있다. 9회 말에 이르러 패할 것처럼 보여도 홈런 한 방으로 경기를 뒤집을 수 있기 때문이다. 안토니우스처럼 부하들을 독려해 승리를 거둘 생각을 하지도 않고 미리 피해 버리면 전쟁은 그냥 끝나 버린다. 나약한 마음 때문에 인생을 망쳐 버린 것이다. 어쩌면 젊어서부터 승승장구했던 그의 인생이 이런 의사 결정을 하게 했는지도 모른다. 초년 성공이 말년 성공까지 이어지지 않는데 말이다. 어떤 결정을 내릴 때 신중함과 적극적인 대처가 중요하다는 것을 보여 준다.

지난날로 현재를
평가하지 마라

아드리아노폴리스 전투

서기 378년

스키타이인은 말을 타고 활을 쏘기에 능하고, 농경이 아니라 목축으로 살아가는데 그런 그들이 어찌 다루기 어려운 불패의 부족이 되지 않을 수 있겠는가?

-헤로도토스

튀르키예의 최대 도시 이스탄불에서 서북쪽으로 180킬로미터 지점에 위치한 에디르네는 과거 아드리아노폴리스로 불렸다. 이곳을 방문한 하드리아누스 황제의 이름을 따서 지어졌는데 트라키아 지방의 핵심 도시였고 이곳에서 벌어진 전투만 해도 16번이 넘을 정도로 역사적, 지리적 중요성이 큰 곳이다. 여기서 말하는 전투는 378년 고트족 연합군이 로마 제국의 동방 황제가 직접 이끄는 제국군을 격파하고 황제 발렌스까지 전사시킨 전투다. 이로써 로마 제국과 게르만족의 역학 관계를 급변시킨 매우 의미 있는 사건이다.

서기 376년경 훈족이 팽창하면서 도나우강 이북에 살던 고트족은 훈족의 압력에 밀려 로마 제국에 보호를 요청했다. 당시 고트족은 로마의 힘이 미치는 도나우강 이남 거주를 허용해 준다면 평화롭게 농사짓고 살며 만약 훈족 등이 침공한다면 로마의 지원군이 되겠다는 조건을 내걸었다. 황제 발렌스는 이것을 허가하는데 고트족이 워낙 날랜 사람들이어서 이들을 달랠 필요성이 있었고 로마군에 편입한다면 병력 부족에 시달리던 로마에 도움이 될 것으로 본 것이다.

문제는 제국 내에 북방의 야만족을 잘 융화시키고 다스릴 만한 역량이 부족했다는 사실이다. 이미 로마는 한참 내리막길을 걷던 시절이어서 과거처럼 관용의 체제가 작동하지 않았다. 지역의 총독들은 고트족을 지원하기 위해 황제가 보낸 물자와 돈을 착복하고 고트족의 부녀자들과 아이들을 노예로 팔아 치우며 반항하는 고트족을 무자비하게 탄압하기도 했다.

결국 이를 참지 못한 고트족은 부족 회합을 가진 후 로마를 타도하기 위해 궐기한다. 이후 모이시아 총독 루피키누스가 이끄는 1만의 제국군을 마르키아노폴리스 전투에서 격파하면서 고트족과 로마 제국의 전쟁이 거대한 규모로 확대되었다. 당시 황제 발렌스는 사산조 페르시아와 전쟁을 치르느라 동방 전선에 상주하고 있었기에 고트족을 초기에 진압할 수 없었다. 하지만 싸우지 않고는 평화를 얻을 수 없는 상황에 이르자 페르시아와 평화 조약을 맺고 콘스탄티노폴리스로 회군했다.

얕보다 큰코다친 로마군

서기 378년 8월, 동방 황제 발렌스는 아드리아노폴리스에 입성하여 세바스티아누스 군대와 합류했다. 세바스티아누스는 이전에 고트족과의 대결에서 승리한 경험이 있었다. 그의 승전은 발렌스로 하여금 고트족을 과소평가하게 만들었다. 또한 서방 황제 그라티아누스가 원군을 보냈다는 소식이 전해졌지만 정찰병으로부터 고트족의 병력이 1만에 불과하다는 보고를 받고 자신이 이끄는 대군만으로도 충분히 고트족을 제압할 수 있으리라는 자신감을 갖게 했다. 이때 발렌스가 이끄는 로마군은 대략 보병 2만에 기병이 1만 기였다. 이에 상대하는 고트족 병사는 로마군과 비슷한 숫자였고 여기에 부족민까지 포함하면 5만 명에 육박했다. 다만 유목과 목축 생활을 주로 했던 게르만족의 특성상 기병대의 역할이 훨씬 컸다고 할 수 있다.

문제는 황제 발렌스의 지나친 공명심에 있었다. 그는 서방 황제 그라티아누스의 지원군을 기다릴 생각이 없었기에 아드리아노폴리스 평원에서 고트족을 발견하자 성급하게 공격을 시작했다. 고트족은 짐마차를 원형으로 세워 놓고 방어하는 형태를 취했다. 로마군은 고트족 보병을 밀어붙여 짐마차 방벽까지 도달하는 데 성공했다. 그러나 보병이 아직 도착하지 못해 완전히 결판낼 수 있는 상황은 아니었다. 로마군은 제대로 된 진형을 갖추지 못한 상태로 무질서하게 전투에 임하면서 서로 동조하지 못했다.

그때 로마군 배후에 5,000여 고트족 기병이 등장하면서 전세가 바뀌기 시작했다. 외부 약탈을 나갔던 동맹군 기병대가 급하게 돌아온 것이다. 고트족 기병은 로마군 우익 기병의 배후를 덮치는 형태로 전투에 임했고 손쉽게 로마군을 물리칠 수 있었다. 더구나 로마군은 경무장인 데 반해 고트족은 중장기병이었기에 그 우세가 단번에 결정돼 버린 것이다.

이렇게 기병대끼리의 싸움에서 고트족이 승리를 거두면서 둥글게 진을 친 고트족 보병이 로마 보병을 막아서고 양익은 고트족 중장기병에게 노출된 상태가 되었다. 퇴로는 고트족의 경보병이 끊어 버렸다. 다음 수순은 로마 보병대를 둘러싼 포위와 학살만 남았다. 여기서 로마군의 피해가 엄청났다. 황제 발렌스가 전사했을 뿐만 아니라 백인 대장 대부분과 군단 전체의 3분의 2가 살해되었다.

로마군이 패배한 결정적 원인은 지도자 발렌스가 지나친 자신감으로 준비되지 않은 상태에서 전쟁을 일으킨 데 있다. 더구나 지원군이 오고 있었는데도 이를 기다리지 않고 성급하게 전투를 시작했기 때문이다. 그는 시대 변화를 읽지 못했다. 이미 로마군은 과거처럼 무적의 군대가 아니었고 고트족은 로마군의 전투 방법을 습득해 알고 있었다.

지나친 자신감에서 탈피하려면 세 가지가 필요하다. 첫 번째는 비판적 사고다. 자신의 생각과 행동을 비판적으로 검토하고, 타인의 의견을 수용하는 태도를 갖는 것이 중요하다. 두 번째는 적극적인 학습이다. 자신의 능력과 한계를 인식하면서 적극적인 학습과 개발을 통해 능력을 향상시키는 것이 필요하다. 세 번째는 겸손한 자세다. 타인의 의견을 경청하며 스스로를 발전시키는 노력을 하는 것이 필요하다. 이렇게 지나친 자신감에서 탈피하여 비판적인 사고력과 학습 의지, 그리고 겸손한 자세를 가지고 성장하는 것이 중요하다.

· 2장 ·

상황을 지배하라

동북아 전쟁 편

자신하는 순간을 경계하라

장평 전쟁

기원전 262~260년

"전쟁이란 사람이 죽는 곳이오. 그러나 괄은 이를 너무 쉽게 말하고 있소. 조나라가 괄을 장수로 삼지 않으면 그만이겠으나, 만약 기어이 그를 장수로 삼는다면 조나라의 군대를 무너지게 할 것이오."

-조사(조괄의 아버지)

전국 시대의 경쟁이 막바지에 접어들면서 7국의 전략에는 큰 변화가 있었다. 이는 서쪽에 있던 진(秦)나라가 강성해지면서 등장한 각국의 외교 정책이었는데 이를 '합종연횡'이라 한다. 당시 강대국으로 등장한 진은 동쪽의 6국에 가장 큰 위협 세력이었다. 그래서 진의 진출에 대항하기 위해 6국은 서로 힘을 합쳐 대응했는데 이것이 합종책이다. 이는 꽤 성과를 거두어 한동안 진나라가 함곡관 밖으로 나오지 못했다. 한편 진나라는 합종책에 대항하여 6국을 하나씩 격파할 전략을 세웠으니 이것이 연횡책이다.

진 소왕은 범수가 제창한 원교근공, 즉 가까운 곳을 공격하고 먼 곳과는 화친을 맺는 전략으로 먼 제나라보다는 가까운 한과 위나라를 공격했다. 기원전 265년, 진은 명장 백기를 보내 한을 공략했는데 남쪽 절반은 흡수했지만 북부 지역은 조나라가 끼어들어 차지하기에 이른다. 이로써 진과 조는 국경을 접하게 되었고 두 나라 사이의 긴장감도 커졌다. 그 3년 후 두 나라 사이에 전쟁이 벌어졌는데 이를 장평 대전이라 한다. 춘추 전국 시대에 벌어진 전쟁 중에서 가장 참혹한 결과를 빚었고 진나라의 천하 통일이 한걸음 더 가까워졌다.

스스로 자기 무덤을 판
조나라

기원전 262년 진나라의 장수 왕홀은 진군을 이끌고 장평으로 진격했다. 이에 맞서 조나라의 염파가 대군을 편성해 싸웠다. 이 싸움에서 공격하는 쪽은 진나라였다. 병력에서 열세였던 조나라는 장평에 강력한 방어 진지를 구축하고 수비 위주의 전술을 펼쳤다. 진군이 공세를 퍼부었지만 조군이 번번이 막아 내자 진에서는 보급의 문제가 불거졌다. 충분한 보급을 받는 조군에 비해 진군은 장평까지 늘어진 보급선이 한나라와 위나라에 인접해 있어 공격받기 쉬웠다. 게다가 남쪽 초나라까지 이어진 전선은 병력 집중을 어렵게 했다. 만약 지구전이 계속 이어질 경우 진나라의 패배가 뻔해 보였다.

이때 전쟁의 양상이 다르게 흘러갔다. 조나라의 효성왕이 총사령관을 염파에서 경험이 별로 없는 조괄로 교체하고 대군을 편성해 공격에 나서게 했다. 효성왕은 진군이 초기의 예봉이 다 꺾이고 극심한 병력 소모를 겪는 데다가 보급선도 길어 군대를 총동원하여 장평으로 보낸다면 쉽게 승리할 수 있다고 보았다. 하지만 노련한 염파는 왕의 말을 듣지 않았고 기존의 전략을 고수했다. 그래서 늙은 염파보다는 젊은 패기를 가진 조괄을 사령관으로 임명하고 조나라의 장정 25만을 징집해 장평으로 향하게 했던 것이다.

조괄은 새로 징집한 25만 군사와 장평에서 대치 중인 20만 군사를 합쳐 공격을 시작했다. 이에 맞서는 진군은 지구전으로 인한 손실이 누적된 상태였다. 따라서 이번에는 두 나라 간에 공격과 수비가 바뀌었다. 조군이 공격하고 진군은 후퇴하는 모양새였는데, 이때 진군의 전략이 돋보였다. 당시 장평의 지형은 장기간 빗물에 의해 침식이 일어난 황토 고원 지대로 협로와 골짜기들이 산재해 있어 매복과 포위가 쉬웠다. 따라서 미리 구축한 방어 시설들로 이루어진 U자형의 포위망을 건설하면 대규모로 밀고 들어오는 조군을 손쉽게 물리칠 수 있는 곳이었다.

진군의 새로 바뀐 사령관 백기는 중심 부대를 후퇴시키며 양쪽 날

개 지역에 매복군을 배치해 두었다. 그러면서 패배한 척하며 치고 빠지는 전략을 구사했다. 이에 조나라 군대는 협곡으로 물밀듯이 밀려들어왔다. 주변에서 사령관 조괄에게 이 지역의 위험성을 경고했지만 조괄은 듣지 않았다. 조군이 수적 우위였으므로 충분히 승리할 수 있다고 자신한 것이다. 진군은 조군의 진격에 계속 후퇴하며 포위망의 종심까지 조군을 끌어들였고 매복군을 남겨 포위망을 형성했다.

드디어 조군의 공세가 한계에 달하고 전열이 느슨해졌을 때 진군에서는 5,000기의 기병을 출격시켜 조군의 방진을 갈라놓고 보병을 뒤따라 진입시켜 조나라군의 지휘 체계를 끊어 버렸다. 비록 조군이 운용한 군대의 병력 수가 엄청나게 많았지만 그 질에서는 큰 차이가 있었다. 강력한 국방 개혁으로 진군 병사의 역량은 조군의 그것을 훨씬 상회했고, 지휘 체계가 붕괴된 조군은 서서히 사냥당했다. 이어서 사령관 백기는 조나라군의 후방에 매복시켰던 2만 5,000의 보병을 동원해 한왕산을 기습적으로 점령하여 조군의 퇴로를 차단했다.

결국 장평이라는 요새에 스스로 갇힌 조군은 파멸을 맞이했다. 포위된 지 46일이 지나자 식량과 물이 고갈되었고 포위망을 뚫기 위한 최후의 반격도 효과가 없었다. 그 마지막 저항에서 사령관 조괄은 온몸에 화살을 맞고 죽을 운명이었다. 사령관이 죽자 조군 40만 명은 항복했지만 진군은 전쟁 포로를 살려 두지 않고 전부 참수하고 갱살했다. 사마천에 따르면 이때 살아남은 자는 고작 240명에 불과했다고 한다.

전쟁에서 패한 이들이 죽는 것은 전쟁터에서 흔한 일이지만 무려 40만 명이 생매장되었다는 사실은 끔찍하다. 옛 기록에 등장하는 인마의 수를 다 믿을 수는 없지만 많은 이가 생매장된 것은 틀림없어 보인다. '포로를 죽이지 않고 데려다가 농사일을 시키면 되지 않았을까?' 싶지만 당시에는 항상 식량 부족에 시달렸고, 이들이 나중에 난을 일으킬 것을 염려한 백기는 끔찍한 선택을 하게 된다. 그는 조나라 군사들이 조를 나누어 구덩이를 파게 한 후 그곳에 군사들을 묻어 버렸다. 이후 조나라는 농사를 할 남자들이 없어 완전히 몰락하게 된다.

적을
분석하라

마릉 전투
기원전 343년

제나라 군사가 겁쟁이인 줄은 진작 알고 있었지만 불과 사흘 만에 병사의
과반수가 없어질 줄을 몰랐구나.

-방연, 손빈의 감조지계를 보고

　손빈과 방연의 일화는 강한 적을 상대하는 약자가 어떻게 해야 하
는지 잘 알려 준다. 당시 강한 제후국인 위(魏)와 제나라가 경쟁하는
상황이었다. 한(韓)이 유력 제후국인 정(鄭)을 병합하고 정의 도읍지
인 신정을 도읍지로 정했을 때, 이웃 나라 제는 이를 용납하지 못하고
침략했다. 한편 한을 돕고 있던 위가 이를 막기 위해 서로 돕는 물고
물리는 관계가 이어졌다. 또한 제나라 군사들은 위의 수도 대량으로

군사를 보내 양동 작전을 전개하고 있던 바, 이를 안 위나라 군사들이 수도로 복귀했다. 이때부터 제나라 책사 손빈이 활약한다.

위나라 장수는 방연이었는데 그는 손빈과 동문수학한 사이였다. 전력이 우세한 위나라에 비해 제나라는 부대를 둘로 나누었으므로 군사력이 약했다. 따라서 정상적인 전투로는 이길 수 없다고 판단한 손빈은 적을 속이기 위한 위장 퇴각과 험로를 선점하는 작전을 구상했다. 먼저 손빈은 위나라군이 제나라군의 기강이 무너지고 있다고 생각하도록 만들었다.

심리와 행동까지
간파당한 방연

그가 시행한 작전을 '감조지계(減竈之計)'라 부르는데 간단히 설명하면 이렇다. 손빈은 방연과 같은 스승을 모셨기에 방연이 군사 수를 계산할 때 병사들이 설치한 아궁이 숫자를 세는 방법으로 할 것을 알고 있었다. 손빈은 대장군인 전기에게 이렇게 진언했고 결국 채택되었다. 제나라군은 후퇴하면서 군영지 아궁이 숫자를 조금씩 줄여 나갔다. 첫날은 10만 명이 밥을 해 먹은 아궁이를 만들었고 다음 날부터는 그 숫자를 절반으로 줄였다. 첫날 10만 명이었던 군사들이 겁을 먹고 탈출한 것처럼 보이게 만들려는 작전이었다.

손빈의 예상은 적중하여 방연은 제나라군에 탈영병이 속출한다고 판단했다. 그래서 신속히 적을 쫓도록 부대를 기병 위주로 편성하고 둘로 나누어 태자 신과 자신이 지휘했다. 또 후방에는 조카인 방총이 나머지 군사들을 이끌고 따라오도록 했다. 마음이 급해진 방연이 부대원 숫자를 줄이고 속도를 높여 제나라군을 뒤쫓은 것이다.

손빈이 방연과 위나라군을 끌어들인 곳은 마릉이라는 험로였다. 그곳은 계곡이 깊고 숲이 험준하여 매복병을 배치하기 적합한 장소였다. 손빈은 마릉 계곡에 있는 나무들을 모두 베어 길목을 막으라고 지시하고 계곡 가운데 있는 큰 나무 하나를 남겨 두도록 했다. 그리고는 껍질을 벗겨 직접 숯으로 다음과 같이 기록했다.

"방연은 이 나무 아래서 죽을 것이다. (龐涓死於此樹之下)"

그런 후 손빈은 궁수 1만 명을 계곡 양편에 배치하고 이 나무에서 불빛이 비치는 순간 그곳을 집중 사격 하라고 지시를 내려 두었다. 나머지 군사는 각자 위치에서 공격 명령을 받도록 배치를 마쳤다. 저녁이 되자 방연이 이끄는 군사들이 급히 말을 몰아 계곡에 도착했다. 방연도 마릉이 험로인 것은 알았지만 제나라군이 급히 도망치고 있었기에 마음이 급했다. 계곡 곳곳에 쓰러져 있는 나무들은 제나라군이 퇴로를 뚫은 흔적이라고 여겨 방심하고 있었다. 그런데 유독 큰 나무 하나가 남아 있었고 껍질이 벗겨져 하얀 속살을 보이고 있는 게 아닌가! 호기심이 발동한 방연이 그 나무 아래로 가서 바라보니 어두워서 잘 보이지 않지만 글씨가 적혀 있었다. 부하들을 시켜 횃불을 피워 가져오라고 지시한 후 글자를 읽어 본 방연은 소스라치게 놀랐다. 이 모든

게 손빈의 계략인 걸 알았기 때문이다.

하지만 때는 늦었다. 불빛이 비치는 순간 활을 쏘라는 명을 받은 제나라군 궁수들은 일제히 화살을 날렸고 나무 아래에 있던 위나라군은 그 화살에 맞고 쓰러졌다. 방연 역시 피하지 못하고 화살 맞은 고슴도치가 되었다. 태자 신이 이끄는 군사들 역시 매복된 제나라군에 의해 대부분 죽고 위나라 태자는 포로가 되었다.

오랫동안《손자병법》은 손무와 그의 손자 손빈의 공동 저작인 것으로 알려져 왔다. 그러다 1972년 산둥성 은작산 한나라 무덤에서 대량의 죽간이 발견되었는데 그중에서《손빈병법》이 있었다. 지금은《손자병법》은 손무의 저술,《손빈병법》은 손빈이 쓴 것으로 인정되는 분위기다. 무릎 슬개골을 도려내는 형벌을 빈형이라 하는데 손빈이란 이름은 여기서 유래했다.

귀곡자의 문하에서 동문수학했던 손빈과 방연의 이야기는 사마천 《사기열전》의 흥미로운 일화 중 하나다. 손빈이 결과적으로 승리하게 된 가장 큰 이유는 방연의 습성을 잘 알고 있었다는 점이다. "적을 알고 나를 알면 위태롭지 않다"던《손자병법》의 명문장처럼 손빈은 이를 실천해 방연을 제대로 알고 승리를 거두게 되었다. 남을 아는 것뿐만 아니라 자신을 아는 것도 매우 중요하다. 외향적인지 내향적인지, 다른 사람과의 관계를 잘 하는지 아니면 혼자서 잘하는지 깨닫고 여기에 맞는 선택을 하는 것도 인생길에 큰 도움이 된다.

벼랑 끝에
서라

정형 전투
기원전 204년

싸움이 정리된 후 부하 장수들은 축하하며 한신에게 물었다.

"병법에는 산을 등지고 물을 앞에 두고 진을 치라고 했는데 배수진은 어떻게 된 술책이오?"

그러자 한신은 이렇게 대답했다.

"이 또한 병법에 있는데 그대들이 알지 못했을 뿐이오. 살아나지 못할 위험한 사지에 빠지면 살아나려고 최선을 다하지 않겠소? 만약 살 곳이 보였다면 병사들은 제대로 싸우지 않고 달아났을 것이오."

-사마천, 《회음후열전》

'배수진(背水陣)'의 유래를 만든 이는 한 고조 유방의 충실한 장수였던 한신(韓信)이다. 고조 3년(기원전 204년) 10월 한신은 수만 명의 군사를 이끌고 조나라군과 맞섰다. 그들이 만난 정형(井陘)이라는 곳은 글자가 말해 주듯이 두 산 사이가 좁게 형성되어 구(口)의 형상을 한 곳이다. 지키기는 쉽고 공격하기는 어려운 형세라는 것을 암시한다. 조나라왕 조헐과 승상 진여는 군사를 모아 이곳에서 한신의 군대에 맞섰다. 이때 조군의 이좌거가 승상 진여에게 이렇게 건의했다.

"정형이란 곳은 길이 좁아 수레 두 대가 나란히 가기 어렵습니다. 적군 행군을 보니 길이가 수백 리에 이르므로 형세로 보아 군량이 후미에 있을 것입니다. 저에게 군사 3만 명을 주시면 샛길로 가서 적의 군량미 수송대를 끊어 놓겠습니다. 그런 후에 해자를 깊이 파고 진영을 잘 지키면 저들은 앞으로 나갈 수도 물러갈 수도 없는 지경에 빠질 것입니다."

하지만 승상 진여는 이 말을 듣지 않았다. 자신의 군대는 목이 좁은 지형을 선점해 성채를 쌓았고 군사도 많았다. 한신의 군사 수는 1만여 명에 지나지 않았고 그것도 1,000리나 되는 먼 길을 이동했기에 틀림없이 피로할 것이기 때문이었다. 그의 생각은 일반적인 병법에서는 틀리지 않았다. 하지만 상대는 전략의 명수 한신이었다. 한신은 우선 가볍게 무장한 병사 2,000여 명을 선발해 저마다 붉은 기를 하나씩 가지고 샛길로 해서 조나라군 성채 부근에 매복하도록 했다. 만약 우리 군사가 달아나는 것을 보고 적이 성벽을 비워 놓으면 재빨리 성벽에 올라가 한나라 기를 세우라는 명령을 해 두었다. 또 전군에게 아침 식사를 가볍게 제공하고는 "오늘 조나라 군사들을 무찌른 뒤 다같이 모여 실컷 먹자"라고 말했다. 그리고는 남은 병사 1만 명을 정형 어귀로 나가 강을 등지고 진을 치게 했다.

자신을 절체절명의 순간으로 밀어넣은 한신

날이 샐 무렵 한신은 선발대를 뽑아 조나라군 성채 부근으로 나가 적의 약을 올렸다. 이좌거의 당부를 새겨듣지 않은 조나라 승상 진여는 한나라군을 업신여기며 성채 문을 열고 군사를 보내 싸우게 했다. 한신은 거짓으로 패한 척하며 북과 기를 버리고 강기슭의 진지로 도망쳤고, 조나라군 대부분은 성문을 열고 쏟아져 나와 강가로 몰려나가서 본격적인 싸움을 시작했다. 비록 강을 등진 진형이었지만 도망갈 곳이 없었던 한나라군은 목숨을 걸고 싸웠고 결판이 나지 않았다.

한편 한신이 미리 배치해 둔 2,000명 병사들은 조나라군이 성채를 버리고 전리품을 쫓는 사이 성채로 들어가 붉은 기 2,000개를 세웠다. 조나라 군대는 싸움이 끝나지 않으므로 성채로 돌아가 정비하려고 했다. 그들이 세를 돌려 자신들 성채로 돌아오려는 순간 성채에서 휘날리는 한나라 붉은 기를 보았다. 크게 놀란 조나라군 병사들은 장수들이 사로잡혔다고 생각하여 갑자기 사기를 잃었고 어지럽게 달아나기 시작했다. 조나라 장수들은 도망치는 부하들을 자제시키려 애썼지만 한번 무너진 대형을 유지할 수 없었다. 한나라 군대는 조나라군을 무참히 살해하고 조왕 혈과 승상 진여를 사로잡을 수 있었다.

한신이 세운 배수진은 적군과 아군의 상황을 정확히 꿰뚫어 보고 세운 전략이었다. 스스로 물러설 곳 없는 절박한 상황을 철저하게 인식하여 삶에 대한 욕망을 한순간에 격발한 방책이었다. 하지만 이는 대단히 위험한 전술로 뛰어난 한신 같은 지략가가 아니었다면 활용하기 어렵다. 결과적으로 한신의 배수진에서 우리는 몇 가지 교훈을 얻을 수 있다.

첫 번째, 한신은 매우 능동적으로 이 전술을 사용했지 어쩔 수 없는 상황에 몰려 만들어 낸 게 아니다. 그는 미리 전체 전략을 구상한 후 배수진을 중심으로 열세에서 우세로 바꾸려고 했다. 또한 한나라군은 잘 훈련된 군사들이 아니었다. 위나라와의 전투에서 한 번 승리를 거두기는 했지만 여기저기서 끌어 모은 군사들일 뿐이었다. 따라서 그들은 목숨이 위험하다는 눈치가 보이면 언제든 달아날 가능성이 있었다. 하지만 배수진은 그럴 수 없는 상황을 미리 만들어 둔 것이다.

두 번째는 싸움을 오래 끌면 아군이 불리할 것이라는 상황을 읽었다. 먼 거리를 이동해 왔고 보급로 길이가 길었다. 따라서 속전속결로 싸움을 끝내야 하는 상황이었다. 하지만 조나라군은 성채를 지키고 있었고 이를 정상적인 방법으로 공격해서는 이길 방도가 없었다. 그래서 자신들 목숨을 내놓고 그들을 유인해서 싸움에 끌어들인 것이다.

스스로에게 배수진을 치는 것이 유용할 때도 있다. 인생에 다른 길이 없다고 느꼈을 때 가장 좋은 해결책은 자신을 벼랑 끝에 세워 두는 방법이다. 그럼 절벽으로 떨어지지 않고 살아남기 위해서 발버둥을 치게 되고 더 노력하게 된다. 이때 필요한 것은 자신에 대한 신뢰 회복이며 몇 가지 관점에서 돌아볼 수 있다.

첫번 째는 업무에서 자신의 실수를 돌아보고 이를 개선하는 방법을 찾는 것. 두 번째는 자신의 감정을 돌아보고 감정을 조절하는 방법을 찾는 것. 세 번째는 자신의 목표를 돌아보고 목표를 달성하기 위한 계획을 세우는 것. 네 번째는 자신의 능력을 돌아보고, 부족한 부분을 보완하거나 더 발전시키는 방법을 찾는 것. 다섯 번째는 자신의 행동을 돌아보고 타인에게 불편을 끼치지 않도록 개선하는 것 등이다.

원하는 것을
정조준하라

흉노 수장 묵돌선우의 패권
재위 기원전 209년~174년

"중원에는 경제와 문화가 발달한 전국 칠웅이 있었는데, 그중 세 나라가
흉노와 국경을 접하고 있었다. 그 후에 조나라의 장군 이목이 있는 동안은
흉노는 감히 조나라의 국경을 침범하지 못했다."

-사마천,《흉노열전》

전국 시대 말기에 이르렀을 무렵 북방 흉노 땅에는 새로운 영웅이
탄생했다. 흉노족 두만 선우에게 묵돌이라는 이름을 가진 태자가 있
었다. 묵돌은 흉노어로 '용감한 자'라는 뜻이다. 그는 기골이 장대하고
포부가 웅대하고 뜻이 심원한 인물이었다.

그런데 아버지 두만이 총애하는 아내인 연지(흉노의 황후를 칭함)

에게서 작은아들을 얻자 베갯머리송사 때문이겠지만 예뻐 보이는 작은아들을 태자로 삼고 싶어 했다. 이를 위해 묵돌을 태자에서 폐위하고 이웃 나라 월지국에 볼모로 보냈다. 월지국과는 어떤 사연이 있었는지 알려지지 않았지만 태자를 볼모로 보낸 것으로 보면 아마도 그쪽에 패한 적이 있었던 듯하다. 어쨌든 힘을 회복한 아버지인 두만은 아들이 볼모로 가 있는 월지국을 공격했고 아들을 위험에 빠뜨렸다. 월지국에서는 볼모인 묵돌을 당연히 죽이려 했지만 능력이 뛰어난 묵돌은 혼란한 상황을 틈타 좋은 말을 훔쳐 타고 고국으로 돌아왔다.

사랑하는 아들을 죽음의 위험에 빠뜨릴 만큼 무심한 아버지였지만 아들이 용감하게 살아 돌아오자 이를 칭찬하고 좌현왕으로 삼았으며 1만 명을 부릴 수 있는 대장으로 임명했다.

스스로 왕관을 쓴 묵돌

이때 묵돌은 태자 자리를 빼앗고 월지국에 볼모로 보냈으며, 계략을 써서 죽이려고까지 했던 아버지와 그 애첩인 연지를 잊지 않았다. 이대로 있다가 또 어떤 계략에 당할지 몰랐기에 가장 좋은 수비는 공격이라는 말처럼 적극적으로 왕권을 차지하기 위한 계략을 꾸민다. 이때 묵돌이 명적을 이용해서 병사들의 절대적 충성을 얻은 이야기가 꽤 재미있는데 이를 정리하면 이렇다.

먼저 그는 숙련공에게 명적을 만들게 했다. 명적은 화살 끝부분에 피리처럼 소리가 나는 기구를 설치해 적을 놀라게 하거나 장수가 타깃을 정해 주는 화살이다. 그는 자신 휘하의 병사들에게 지시했다.

"내가 명적을 쏜 곳에 화살을 쏘아라. 그렇지 않으면 응징할 것이다."

묵돌은 사냥을 나가 자신이 아끼는 명마를 과녁으로 명적을 쏘았다. 많은 병사가 묵돌이 명적을 쏜 곳을 향해 화살을 쏘았지만, 일부 병사는 감히 장군의 명마를 쏘지 못했다. 그러자 묵돌은 그 병사들을 죽였다. 그다음에는 자신이 가장 아끼는 애첩에게 명적을 쏨으로 해서 병사들이 자신의 지시에 반드시 따르도록 했다. 세 번째는 아버지가 아끼는 말을 향해 명적을 쏘자 주변에 있는 병사들이 모두 화살을 날렸다. 이제 병사들이 자신이 원하는 것을 따를 것이라 확신한 묵돌은 아버지와 사냥을 나가게 되자 아버지 두만 선우를 향해 명적을 쏘았고 주변에 있던 병사들도 모두 선우를 향해 화살을 날렸다. 묵돌은 사냥에서 돌아와 아버지의 애첩 연지를 죽이고 태자 자리를 위협했던 아우, 그리고 그들의 세력을 모두 죽이고 나서 스스로 선우 자리에 올랐다.

때는 기원전 209년, 진시황이 죽은 이듬해였다. 그가 선우에 오른 직후에 진(秦)나라가 멸망했고, 초의 항우와 한의 유방이 천하를 두고 패권 경쟁을 하고 있었다. 묵돌선우가 권력을 장악했을 때 동쪽에서는 동호(東胡)가 세력을 확장하고 있었다. 묵돌은 동호를 선제공격해 가볍게 격파했고 그 왕을 살해한 후 백성과 가축들을 노획하여 귀환했다. 이후 묵돌은 다시 서쪽으로 월지를 격파했고, 남쪽으로는 누번·백양까지 접수하여 과거 진나라의 몽염에게 빼앗긴 땅의 대부분을 회복했다. 이로써 몽골 초원과 고비 사막 지역의 최강자로 등장해 중원에 큰 위협 세력이 되었다.

사마천이 《흉노열전》을 별도로 기록할 정도로 춘추 전국과 한나라 시대에 흉노가 주는 영향은 매우 컸다. 전국 시대 조나라와 연나라는 성을 쌓았고, 조나라에서는 호복을 입혀 북방인과 싸웠다. 진시황은 몽염을 시켜 흉노족을 물러나게 했다. 한나라 이전에는 북방에 사는 사람들을 융적으로 불렀는데 그들은 겨울만 되면 남쪽으로 이동해 중원 사람들을 괴롭혔다. 중국 역사 내내 일어났던 북방인의 중원 공격이었다. 그런데 중원에 통일 제국이 들어서고 안정되면 북방인은 힘을 쓰기 어렵지만 중원이 혼란하면 그들은 남하해 약탈을 일삼게 된다. 이렇게 중원을 침략하는 시절에 등장하는 이들이 바로 유목 제국이다. 흉노가 그 첫 주자였는데 묵돌선우라는 이름을 알게 되는 건 사마천이 기록했기 때문이다.

묵돌이 패권을 갖게 된 과정에서 나온 명적에 얽힌 일화는 오늘날에도 시사하는 바가 많다. 아버지는 후처를 총애해 묵돌을 몰아냈다. 하지만 우여곡절 끝에 돌아온 묵돌은 본래의 권력을 되찾기 위해서 주변 사람들의 지지를 얻으려 했다. 그는 이 과정을 한 방향으로 치밀하게 몰아간다. 먼저 아끼는 애마와 첩을 희생시켰다. 주저하며 그의 명령을 따르지 않는 이들은 과감하게 처단했다. 그리고 아버지의 애마를 향해 명적을 날렸고, 최종적으로 화살은 아버지의 목숨을 향했다. 만약 그가 자기희생과 치밀한 계획 없이 권력을 차지하려고 했다면 부하들의 절대적 지지를 얻지 못했을 것이다. 목표를 정하고 그것을 얻기 원한다면 묵돌의 이야기를 들어 보면 좋겠다. 목표 설정, 단계적 실행, 그리고 자기희생까지 말이다.

자존심을
굽혀야 할 때를 알라

백등산 포위전

기원전 200년

오랑캐 땅에 꽃과 풀이 없으니 봄이 와도 봄 같지 않다. (胡地無花草 春來
不似春)

-동방규(당나라 시인), 왕소군에 관한 이야기를 듣고

북방의 패권을 차지한 묵돌선우는 동호와 기타 유목민 세력을 평정
하고 있었고, 중원에서는 유방이 항우를 물리치고 제국을 건설하고
있었다. 유방은 기원전 202년 관중 지역을 수도로 삼고 국호를 한(漢)
으로 정했다.

그런데 북방 유목민이 겨울만 되면 쳐들어와 농민들을 괴롭히기 일
쑤였다. 그들을 꺾어 놓지 않고서는 평화로운 나라를 만들 수 없었다.

그래서 고조 유방은 맹장 한왕(韓王) 신(信, 한신(韓信)과 다른 인물)을 대(代)의 땅 마읍으로 이주시켜 흉노를 토벌하도록 명령했다. 하지만 한왕 신은 평소 유목 기마단이 얼마나 강력한지를 알고 있었기에 그들을 상대하기 쉽지 않다는 것을 알고 있었다. 따라서 목숨을 건지기 위해 화평의 길을 선택했다. 한 조정에서 이를 배신으로 간주하고 토벌하려는 움직임이 있자 한왕 신은 흉노에 투항했다.

세기의 치욕을 겪은 한 고조 유방

기원전 200년, 묵돌선우는 한왕 신이 투항하자 40만 대군을 일으켜 마읍과 태원을 공격했다. 이때 고조 유방은 32만 대군을 이끌고 태원을 지나고 타이항산맥을 넘어 평성 지방으로 공격해 들어갔다. 이때 묵돌선우는 유목민 특유의 위장 퇴각 전술을 펼치는데 2만 명의 선봉대를 보내 싸우도록 했다. 그리고 싸움하는 척하다가 이기기 어렵다는 듯이 미리 준비해 둔 지역으로 도망쳤다.

고조 유방의 한군은 2만 명의 기병을 패퇴시켰고, 흉노군이 그대로 패주하자 그 기세를 타고 쫓아가 다시 전투를 벌여 승리하는 데 성공했다. 이렇게 되자 한군의 기세가 더 높아졌고 승리에 도취되어 백등산 부근에 이르렀다. 하지만 평성 지방은 1년 강수량이 400에서 500밀리미터 수준인 매우 건조한 준사막 지대다. 멀고 먼 원정길에 식량과

물이 부족한 한나라 군대는 전멸의 위기를 맞이할 수밖에 없었다. 더욱이 유목민은 장기전에 매우 능하다. 주변 목축 지대에서 양과 말을 키우면서 시간을 보내면 되기 때문이다.

결국 오래 견딜 수 없던 한 고조는 묵돌선우의 연지에게 은밀히 사람을 보내어 간계를 쓴다. 즉 연지에게 많은 뇌물을 바쳤고 이런 말로 설득했다.

"양국의 군주가 서로를 곤경에 빠지게 해서야 되겠습니까? 지금 한나라 땅을 얻는다 해도 선우께서는 그곳에 살 수도 없습니다. 또한 한나라의 왕에게는 하늘의 도움이 있는 것 같으니 선우께서는 심사숙고하시기 바랍니다."

많은 뇌물을 받은 연지는 묵돌을 설득했고 묵돌도 이 싸움의 득과 실을 검토한 결과 부인의 설득에 넘어가 한나라 군이 빠져나갈 수 있도록 했다.

하지만 이것은 한나라 스스로의 치욕을 감추기 위한 역사 기록자의 트릭이고 실제로 유방은 묵돌선우에게 항복한 듯하다. 어차피 유목민은 중원의 풍부한 물자를 받으면 목적을 달성하는 것이기에 유방의 목숨을 살려 주는 대가를 받으면 되기 때문이다. 기록을 보면 유방이 맏딸 노원공주를 묵돌에게 시집보내고 매년 보물을 바치는 것으로 나온다. 하지만 어찌 황제의 딸을 유목민에게 시집보낼 수 있겠는가? 그리하여 다른 여자를 공주라고 속여 흉노에 보내고 형제의 맹약을 맺게 되었다.

이 전투의 영향은 실로 막대하다 황제가 포위되어 이민족의 족장에게 구걸하여 간신히 탈출하고 치욕스러운 협약을 맺어야 했기 때문이다. 더구나 이 전투 이후로 적어도 100년 동안 한나라는 흉노에 저자세로 매년 무명, 비단, 술, 곡식 등을 보내야 했다. 치욕을 당한 한 고조 유방은 흉노와는 전쟁을 하지 말라는 유훈을 남겼고 후대에도 평성의 패배를 치욕으로 여겨서 평성지치(平城之恥)라는 고사성어가 만들어져 내려온다.

중국 역사에는 돈으로 평화를 산 사례가 많다. 한나라뿐만 아니라 중원의 제국들은 북방 유목민의 침입에 고통을 받아야 했다. 만약 잘 대처하지 못할 경우는 나라가 몰락하는 일도 많았다. 그래서 강성한 북방 유목민에 굴복해 협정을 맺고 돈으로 평화를 사는 것을 선택하기도 하는데 이때에는 공물과 여자를 바쳐야 했다. 그렇게 북방으로 시집가야 했던 여인들을 화번공주라 한다. 대표적으로 한나라의 왕소군과 당나라의 문성공주가 있다.

인류의 역사에는 전쟁이 끊이지 않았다. 전쟁이 나면 수많은 인명이 살상되고 재산을 잃을 수밖에 없었는데도 말이다. 그렇다면 전쟁이 일어나지 않을 좋은 방법은 없었을까? 국경을 맞대는 두 나라가 세력 균형을 이룰 경우에는 서로 싸우지 않는다. 싸워 봤자 피해만 크고 얻을게 없으니 서로 교역하며 잘 지낼 수 있기 때문이다. 그런데 한쪽은 무력이 강하고 한쪽은 경제력이 괜찮다면? 이 경우 무력이 약한 자는 자존심을 내려놓아야 한다. 그리고 돈을 써서 평화를 얻어야 한다. 비록 마음이 상하겠지만 그 자존심을 위해 전쟁을 치르는 것보다는 평화를 위해 때로는 굴욕을 참고 이익을 나누는 게 훨씬 좋다.

한 가지만 얻으라면
마음이다

관도 전투
서기 200년

원소가 수레를 보내 곡식을 운반하며 순우경 등 5명에게 군사 1만여 명을 이끌고 가 이를 호송하게 하니 원소의 둔영 북쪽 40리 되는 곳에서 숙영했다. 원소의 모신인 허유가 재물을 탐냈으나 원소가 이를 능히 충족해 주지 못하자, 달아나 공에게로 와서 순우경 등을 공격하도록 설득했다. 좌우에서 이를 의심했으나 순유, 가후는 공에게 이를 권했다. 이에 공은 친히 보기 5,000을 이끌고 밤중에 길을 떠나 날이 밝을 무렵 도착했다.

-진수,《삼국지》〈무제기〉

한국 사람들이 가장 좋아한다는 중국 역사 이야기는 《삼국지》다. 더 정확하게 말하면 서기 184년 '황건적의 난'부터 서기 280년 진나라에 의해 삼국이 통일될 때까지 중국 대륙에서 실제로 벌어진 역사를 기반으로 쓰인 《삼국지연의》다. 역사서에 등장하는 사건과 인물들의 활약을 기본으로 하고 여기에 소설적 각색이 가미된 중국의 대표적인 고전 소설이다. 이 책 24권 240책 중 사람들이 가장 재미있다고 하는 장면은 적벽 대전이지만 역사적으로 가장 의미 있는 전쟁은 관도 전투다. 왜냐하면 이 전투에서 조조가 승리하며 중원의 패권을 거머쥘 수 있는 계기가 마련되었기 때문이다.

전부 가진 것 같은 원소가 조조에게 패한 이유

서기 200년경 하북의 맹주는 원소였다. 대대로 정승을 배출한 사세삼공(四世三公) 명문가 출신 원소의 세력은 강력했다. 그를 지지하는 무리도 매우 많았기에 동탁을 토벌하기 위해 구성한 18제후 모임에서도 좌장을 할 정도로 우월했다. 그런데 하남 지역을 중심으로 점점 세력이 커지고 있던 조조가 문제였다. 그대로 놔둘 경우 호랑이 새끼가 자라 지역의 맹수가 될 우려가 있었던 것이다. 그래서 조조를 토벌하기 위해 북방 군사력을 집결시켜 황하 유역의 관도로 전진 배치했고 이에 조조의 대응으로 1년여에 걸친 관도 대전이 시작되었다.

이때 원소의 군사력은 10만 명이었고 이를 상대하는 조조군은 거우 2만여 명에 불과했다. 전쟁은 군사력이 우세한 원소의 강한 공격에 조조가 겨우 방어하는 상태로 유지되었다. 원소는 조조군을 공격해 동서 수십 리에 걸쳐 진을 구축하고 서서히 전진하는 전술로 조조의 진영을 압박했다. 조조도 똑같이 수십 리에 걸쳐 진영을 구축하며 전진해 대응했고 이 장면에서 관우가 적장 문추의 목을 베는 등 치열한 싸움이 벌어졌다. 하지만 수적 열세였던 조조군은 상대를 이겨 내지 못하고 요새로 들어가 굳게 지킬 수밖에 없었다.

전황은 지구전 양상을 띠기 시작했다. 조조군은 크게 고전하고 있었고, 조조 진영의 식량은 나날이 줄어들었다. 걱정이 된 조조는 본거지 허창을 지키던 순욱에게 편지를 보내 군량을 보내 줄 것을 요청하며 관도에서의 철수에 대한 의견을 물었다. 하지만 순욱은 철수 대신 예상 밖의 일을 예측하고 기회를 노리면 기필코 승리할 수 있다고 조조를 격려했다.

이때 결정적 전기가 마련되었다. 원소 휘하에 있던 책사 허유가 도망쳐 조조 진영으로 달려온 것이다. 허유가 조조의 군량이 부족하니 군사를 나누어 허도를 공격하자고 원소에게 간언했지만 들은 체도 하지 않았기 때문이다. 이에 목숨이 위험하다고 느낀 허유는 조조에게 투항하기에 이르렀고, 오소에 원소의 군량이 대규모로 비축되어 있다는 것을 알렸다. 조조의 측근 대부분은 허유의 이 발언을 의심했으나 순유와 가후는 이 의견을 지지했고 조조는 결단을 내렸다. 조조는 보병과 경기병으로 구성된 5,000의 특공대를 원소군으로 위장해 직접 이끌고 오소를 기습해서 군량과 말먹이, 군수 물자들을 소각했다.

한편 오소가 습격당한 것을 안 원소는 그곳이 쉽게 함락당할 리 없다고 여겨 장합과 고람 등에게 주력군을 보내 조조의 본진을 공격하게 했다. 하지만 이미 오소는 함락되어 불탄 뒤였고 조조군의 저항은 강력했다. 결국 원소군 내에는 오소가 불탄 책임 소재를 두고 내분이 벌어졌고 이에 장합이 배신하여 원소를 공격했으며 진영을 불태우고 조조에게 투항했다. 장합의 공격을 받은 원소는 단지 800명의 기병만을 이끌고 갑옷도 입지 못한 채로 급히 도망칠 수밖에 없었다. 예상치 못한 아군의 습격에 더해 총사령관의 행방과 생사마저 알 수 없는 나머지 군사들은 대혼란에 빠져 사실상 완전히 무너졌다. 10만의 병사가 1년을 끌어온 전투가 한순간의 실수로 종료되는 결과로 이어졌다.

처음부터 강한 세력을 갖고 있다고 해서 천하를 얻는 것은 아니다. 세상의 변화를 읽는 눈, 부하들이 마음을 다해 따르게 하는 리더십, 적재적소에 사람을 배치하는 등 원칙에 충실한 사람이 성공할 수 있다. 원소는 사세삼공 집안 출신으로 하북의 맹주였지만 그가 천하를 얻기에는 덕이 매우 부족했다. 관도에서 원소에게 패배를 가져온 직접적인 원인은 부패한 관료 허유의 배신이었지만, 사태를 더욱 심각하게 만든 것은 군의 수장 원소와 근위 세력인 곽도 등의 지나친 독선과 오만함이었다. 결국 모든 것을 다 가진 것 같으면서도 사람을 마음을 얻을 수 없었던 원소의 실패는 예견된 것이다.

적응하지 못하면
생존할 수 없다

적벽 대전
서기 208~209년

곽봉효가 살아 있었다면 내가 이 지경에 이르도록 만들지는 않았을 것
이다.

-조조, 적벽 대전에서 패배한 후 탄식하며

삼국지의 하이라이트는 뭐니 뭐니 해도 적벽 대전이다. 관도 대전,
이릉 대전과 더불어 3대 전투로 꼽히며 그중에서도 가장 유명하고 가
장 재미있는 장면이라 할 수 있다. 삼국지를 제대로 읽지 않은 이라도
모르는 사람이 거의 없을 정도의 명성을 자랑한다.

관도 대전에서는 삼국지의 주인공이라 할 수 있는 유비, 관우, 장비
의 활약이 미미했다. 비록 관우가 적장 문추를 베는 등 활약이 있었지

만 유비와 장비는 역할이 없었고, 특히 제갈량은 당시에 전혀 존재감이 없었다. 하지만 적벽 대전에서는 삼국지의 주요 인물들이 모두 참가했다. 여기에 간웅으로 칭하는 조조는 패배하고 유관장, 제갈량, 손권, 주유는 승리한다는 구도는 역사적 중요성에서도 소설적 재미에서도 그 의미가 높았다. 당시 조조는 관도 전투에서 승리 이후 중원을 거의 차지하고 천하 통일의 기세를 높이고 있었던 데 반해 유비나 손권은 강남과 강동에서 웅거하던 작은 세력일 뿐이었다. 조조가 압도적으로 우세하던 상황에서 조조의 천하 통일 염원이 박살나고 천하삼분지계가 시작된 분수령과 같은 사건이기에 전쟁의 규모뿐만 아니라 당시의 시대 흐름에서도 가장 중요한 사건이다.

서기 208년, 조조는 중원을 석권하자마자 천하통일 의지를 천명하고 남아 있는 지역인 형주를 공략하기 위해 군사를 동원했다. 당시 형주를 다스리던 유표는 동한 황실과 가까운 황족이었으나 천하를 통일할 역량도 의지도 갖고 있지 않았다. 그저 주어진 환경에 안주하며 세월을 보낼 뿐이었다. 그러다 조조가 형주를 공략하기 1년 전, 유표가 사망하고 그 아들 유종이 권력을 이어받았다. 유종은 쳐들어온 조조의 대군을 막아 낼 역량이 없었고, 내부의 인사들도 조조와 싸울 의지가 없었다. '어차피 주군을 모실 바에는 유종보다는 조조가 더 낫지 않겠는가' 생각하는 이가 더 많았기 때문이다.

그렇게 쉽게 조조는 형주로 진군했는데, 이 상황을 받아들이기 어려운 이가 있었으니 바로 유비였다. 유비는 형주의 다른 이들처럼 조조에게 항복할 입장이 아니었다. 조조의 근거지 허창에서 얽힌 악연이 있었고 관도 대전에서는 원소군의 일원이기도 했다. 조조에 붙잡힐 경우 목숨을 부지하기 어려웠다. 그래서 조조가 쳐들어오자 유비는 남쪽으로 피난을 떠났고, 재빨리 쫓아온 조조군 철기병과 장판파에서 한판 싸움을 벌였다. 하지만 중과부적이었다. 조운의 활약으로 외아들 유선을 구해 냈지만 수많은 병사를 잃고 동쪽으로 도망쳐 하구에 이르렀다.

적응보다 적진을 선택한 조조의 패착

형주를 차지한 조조는 동쪽으로 눈을 돌려 오나라를 정벌하기로 결심하고 장강변의 도시 강릉에서 수군을 양성했다. 한편 하구에서 유비를 맞은 강동의 손권은 조조군이 오나라를 공격할 것이라는 걸 눈치챘다. 이대로 적이 쳐들어오는 상황을 두고 볼 수는 없는 법. 오군과 유비의 형주군이 합쳐 조조를 막아설 준비가 끝났다. 조조가 서신을 보내 80만 대군이 쳐들어갈 것이니 항복하라고 엄포를 놓았지만 물이 많은 남방에서의 싸움은 오나라에게 유리했을 터다. 그렇게 두 세력은 장강 중류 적벽에서 집결했다. 그런데 조조군에는 심각한 문제가 있었다. 병사들 다수가 풍토병에 걸려 고생하고 있었던 것이다. 이 때문에 첫 교전에서 조조군은 패배하여 장강 북쪽 오림으로 물러났다.

한동안 대치 상태가 지속되던 중 오나라 장수 황개는 적이 배를 서로 붙였음을 지적하며 화공을 사용할 것을 건의했고 이것이 받아들여졌다. 사령관 주유는 몽충 10척에 마른 억새와 장작을 싣고 그 가운데 기름을 붓고 휘장으로 덮어서 위장하도록 명했다. 황개를 대장으로 한 오나라 함선은 상류로 이동했고 때마침 불던 동남풍으로 인해 유리한 상황이 전개되었다. 이렇게 시작된 오나라의 화공은 오림에 있던 조조군 본영을 불바다로 만들었다. 이어 주유는 경무장한 정예병을 인솔해 조조군의 퇴로를 차단하고 오림의 조조군을 완벽하게 무너뜨렸다.

적벽 대전에서 조조의 패착은 무엇이었을까? 우선 그는 마음이 급했다. 유표의 사망으로 형주를 너무 쉽게 얻은 것 때문에 강남 지역을 서둘러 공략하려 했다. 하지만 당시는 음력 11월이었으며 겨울이 다가와 있었다. 남방의 겨울은 북방과는 다르겠지만 병사들이 익숙하지 않은 풍토에서 오래 머물 경우 심각한 문제가 발생할 수 있었다. 조조군 내에 전염병이 돌아 고생했다는 것을 보면 부대의 컨디션이 좋지 않았음을 알 수 있다.

조조가 패한 두 번째 이유는 지리적 특성을 간과했기 때문이다. 북방인 위주로 편성된 조조의 병사들은 건조한 지역의 전투에는 익숙했지만 남방의 물이 많은 곳에서는 경험이 없었다. 더구나 기병의 경우

말 먹이를 확보할 수 있는 계절이 아니었다. 또한 배 위에서는 기병의 강점이 아무런 영향을 주지 않기 때문에 불리한 곳에서 무리한 전쟁을 시작한 셈이었다. 결국 승리를 위해서라면 주도면밀한 계획을 가지고 상황 판단을 제대로 해야 한다. 특히 지리적 조건을 무시하면 절대 안 된다. 역사상 많은 승리와 패배가 지리적 조건에 따라 결정되었다.

규모에 상관없이
강해져라

이릉 전투
서기 221~222년

만약 형주와 익주를 차지해 그 험함에 기대고, 서쪽으로 여러 융족과 화친하고 남쪽으로 이월을 어루만지며, 밖으로는 손권과 우호 관계를 맺으며 안으로는 정치를 닦으면서, 천하에 변고가 있을 때 한 명의 상장에게 명해 형주의 군사를 이끌고 완, 낙양으로 향하게 하고 장군께서는 몸소 익주의 군사를 거느리고 진천으로 출병하신다면 천하 백성이 장군을 영접할 것입니다. 이처럼 한다면 가히 패업이 이루어지고 한실이 흥할 것입니다.

-진수, 《삼국지》〈제갈량전〉

서기 219년, 형주 지역을 지키던 관우가 사망하자 형주는 오나라 차지가 되었다. 제갈량이 제시한 '천하삼분지계'에 의하면 유비의 세력은 형주와 촉을 반드시 갖고 있어야 했다. 그래야 중원을 점령하고 있던 조조의 위나라 세력에 대항할 만했던 것이다. 때가 무르익으면 촉에서 한 갈래, 형주에서 한 갈래 군사를 내어 북벌을 해야 했다. 그것이 제갈량이 그린 큰 그림이었다.

하지만 관우가 형주 공방전에서 위나라의 공격을 막다가 허망하게도 동맹이라 생각했던 오나라의 여몽에게 살해되었다. 이제 형주라는 촉나라를 지탱하는 중요한 지역 하나를 놓치게 된 것이다. 더구나 도원결의로 맺어진 관우가 죽었으니 두고만 볼 수 없었을 터다. 그렇게 관우가 죽은 후 3년 동안 절치부심하던 유비는 75만 대군으로 전쟁을 일으켰으니 이것이 이릉 전투다.

유비가 전쟁 준비를 하던 즈음, 촉 내부에서는 이 전쟁에 반대가 심했다. 사람들은 유비의 큰 그림을 이해하지 못했다. 그저 관우의 죽음에 대해 복수심의 일념으로 무리한 전쟁을 한다고 했다. 장판파의 영웅 조운, 촉을 영유하는 데 큰 공을 세운 법정 등이 그들이었다. 또 제갈량은 크게 반대하지는 않았고 결사적으로 막지 못한 것을 후회했지만 그건 결과론이었을 가능성이 크다. 위나 오나라 등 타국에서는 촉의 어수선한 상황을 파악하고 있었기에 전쟁이 발발하지 않으리라는 예상이 많았다. 하지만 유비는 내부의 반대와 외부 정세에도 아랑곳하지 않고 전쟁 준비를 서둘렀고 대군을 이끌고 형주로 진입하기에 이르렀다.

유비의 오판과
육손의 훌륭한 작전 능력

이 전쟁의 진행 과정을 살펴보자. 촉에서 형주로 가는 길은 장강 삼협의 물길뿐이었다. 따라서 유비는 촉나라에 있는 거의 모든 배를 징발했고 오랫동안 수군을 육성했다. 그 와중에 장비가 범강과 장달의 손에 죽는 등 불안한 조짐이 보였으나 유비는 출정을 강행했다. 전쟁에 적극적이지 않은 제갈량은 성도에 남겨 후방 안정을 기하고 전쟁을 반대했던 조운을 강주에 머물게 했다. 그리고 전군을 이끌고 삼협을 지나 백제성에 도착했다. 유비의 진군 소식을 들은 오나라에서는 육손을 대도독으로 임명해 대항하게 했다.

221년 1월, 촉군은 형주의 입구인 이릉까지 진출에 성공해 강 동안과 서안에 상륙했다. 그리고 이릉, 효정, 이도의 약 40킬로미터 범위에 걸쳐 넓게 주둔했다. 촉군에게는 최선의 방책이었다. 익주의 수군은 전력이 약했고 오랜 경험을 가진 오나라 수군과 상대하기에는 어려웠다. 그래서 육지에 상륙해 긴 진지를 구축할 수밖에 없었다. 문제는 전군과 후군이 700리나 되는 긴 진영을 형성했다는 점이었다. 긴 보급 거점 전체를 험한 산지에 배치한 요새화의 대가는 아주 느려진 진군 속도와 비대화된 보급 소요, 그리고 초반 기세의 상실이었다.

오나라 장수 육손은 영리했다. 촉군의 약점을 간파해 부대를 작게 나누었다. 그리고 강력한 수군이 장강에 진을 친 상태에서 화공을 준비하여 길게 늘어선 촉군 성채를 하나씩 점령해 나갔다. 이에 비해 촉군은 각 거점 간 연결을 잃어버리고 통합적인 지휘를 상실했기에 오군의 공격에 개별적으로 대항해야 했다. 결국 촉군은 패배를 거듭했고 유비는 후방의 모든 진지를 지워 나가던 오군을 피해서 산길을 거쳐 간신히 백제성으로 도주하였다.

이 전투에서 촉군은 죽은 군사가 4만이 넘었다고 한다. 75만의 군대는 소설에서의 이야기고 실제로는 대략 8만 명이 출전했다. 오군보다 병력 숫자에서 많은 촉군이 선제공격을 감행했음에도 대패했다. 이런 결과를 초래한 이유는 유비의 잘못된 전술 선택 때문이었다. 촉군이 병력 숫자는 우세했어도 수전에서는 오군에 비해 열세였기에 장강변의 언덕에 상륙해 진을 칠 수밖에 없었다는 점은 어쩔 수 없는 선택이었다. 하지만 700리나 되는 긴 진영을 설치했다는 것은 큰 실책이다. 어쩌면 이 전쟁이 오나라의 승리로 돌아간 것은 유비의 잘못이라기보다는 적의 약점을 간파하고 소규모 군을 잘 운영하여 적을 물리친 육손의 뛰어난 작전 능력 덕분이었다고 볼 수도 있다.

소설 삼국지를 좋아하는 사람들은 유비가 관우의 원수를 갚기 위해 무리하게 출전해서 패전했다고 알고 있다. 하지만 전쟁은 언제나 결과론이다. 유비 입장에서는 이 전쟁을 하지 않을 수 없었기에 3년이나 치밀하게 준비했다. 그러나 유비도 명장이었지만 오나라 육손도 뛰어난 지략을 가진 장수였기에 패할 수밖에 없었다. 어쩌면 유비가 다스린 촉나라의 한계였을 수도 있다. 촉나라에서 삼협을 거쳐 이릉까지 이르는 길은 매우 험하고 촉나라 군대는 오나라군에 비해 수전에 매우 약했다. 이런 상황에서도 전쟁을 하지 않을 수 없었던 유비에게 연민의 정을 느껴 본다.

내부가 튼튼해야
무너지지 않는다

비수 대전
서기 383년

동진을 공격하기엔 아직 이릅니다. 진은 내부적으로 결속이 단단하고 국력도 강합니다. 또한 동진은 장강이라는 천험의 지형을 안고 있어 쉽게 정복할 수 없습니다. 그것보다는 선비족 출신인 모용수와 강족의 요장이 더 위험합니다. 서서히 그들의 힘을 꺾고 제거하는 것이 순서입니다.

-왕맹(전진의 재상)

5호 16국 시대의 일부였던 전진의 황제 부견은 중국을 통일할 가능성이 높은 사람이었다. 그는 티베트계 저족임에도 민족 차별을 두지 않았고 명재상 왕맹을 기용해 성공적으로 부국강병을 이룩해 화북과 서역을 모두 평정했다. 훗날의 북위처럼 북조를 완성했는데 사천과

회하 지역 등을 모두 점령해 남은 건 강남의 동진 하나뿐이었다. 만약 그가 무리하게 전쟁을 일으키지 않고 내부 정비부터 차근차근 이룩해 나갔더라면 수나라 이전에 통일 제국을 이루었을지도 모른다. 어떤 역사가는 이 전쟁을 중국 역사의 중요한 분수령으로 평가하는데 그는 통치가 무엇인지 잘 몰랐던 유목 제국의 수장이었고 아직 때가 이르지 못했다. 비수에서 동진과의 대결 전쟁에서 패했기 때문이다.

그렇다면 부견은 왜 무리한 전쟁을 시작했을까? 부견이라는 인물이 순수한 이상주의자였기 때문이다. 화북 통일을 이룬 다음 남쪽에 웅거한 정권을 무너뜨린다면 그는 '중화 제국의 황제' 소리를 들을 수 있었다. 저족의 수장만이 아닌 전 민족을 아우르는 중원의 황제가 되고 싶었기에 널리 인재를 쓰고 한나라 시대의 통치 방식을 적극 수용했다. 통일 제국의 수장이란 명예는 내부의 수많은 반대와 내부 통일 체제 구축이라는 선결 과제에도 적극적인 남진을 일으킬 수 있는 원동력이었다. 강력한 군사력으로 북방의 통일 작업은 순탄하게 이루어졌고 남은 세력은 강남의 동진뿐이었기에 욕심이 날만도 했다.

통제할 수 없는 부대가
변수였던 부견

동진 토벌 전쟁에서 부견은 100만의 군대를 동원했다고 한다. 그동안 여러 민족을 아우르는 과정에서 군대 숫자가 많아졌다. 이들 거의 전부를 동진 공략에 활용한 것이다. 역사적으로 100만이란 숫자가 기록된 전쟁은 많지만 과장이 섞여 있는 경우가 대부분이다. 단순히 많은 수의 군대를 지칭하는 표현으로 백만 대군이라는 용어를 쓰기도 한다. 그러나 비수 대전에서 동원된 전진의 군사는 과장이 아닌 100만 명이 사실로 인정된다. 그동안 유목 부족끼리 치열한 경쟁을 벌여 왔기에 이들을 평정해 모아 보니 이 정도 되었고 모두 이 전쟁에 투입했다고 보는 것이 맞을 것이다.

전쟁을 시작한 부견은 우선 부대를 셋으로 나눠 본인은 수양(수춘) 쪽으로 진군하고, 모용수는 한수를 타고 형주로, 요장은 장강을 타고 형주를 공략하게 했다. 물론 본진은 동진의 수도 건업을 향해 본인이 이끄는 부대와 함께였다. 이에 상대하는 동진의 군대는 겨우 8만에 불과했다. 이 나라는 서진이 멸망한 후 화북에서 피난 온 사람들 중심의 문벌 귀족 간 싸움으로 날을 새기 일쑤였다. 그러니 국가 역량이 제대로 클 수 없었다. 따라서 8만이라는 병력 수는 이 나라에서 끌어모을 수 있는 최대치였던 것이다.

드디어 두 부대가 비수를 사이에 두고 대치를 시작했다. 100만 명과 8만 명은 상대가 되지 않을 것 같지만 현실은 그렇지 않았다. 100만은 군사령관이 통제할 수 있는 숫자를 넘어섰고 허망한 결과로 이어졌다. 100만 명의 전진군은 제대로 싸움도 해 보지 못하고 지리멸렬했다. 그 과정은 이렇다.

전진군은 비수와의 사이에 간격을 두기 위해 군사를 뒤로 조금 물리러 했다. 하지만 이 명령은 후퇴하라는 명령처럼 들렸고 일부 병사들 사이에서 자신의 부대가 패했기에 후퇴하는 거 아니냐는 말이 돌았다. 삽시간에 병사들에게 공포가 전염되어 우왕좌왕하며 진짜로 후퇴하기 시작했다. 차라리 병력이 적었다면 부견이나 다른 장수들이 통제할 수 있었겠지만 병력이 너무 많았다.

이런 상황을 인지한 동진군은 재빠르게 비수를 건넜고 극심한 혼란에 빠진 북방의 군사들을 하나둘씩 살해하기 시작했다. 말 그대로 아비규환의 상황이 연출되면서 전진의 100만 대군은 궤멸적 피해를 입었다. 제대로 싸워 보지도 못하고 겨우 8만에 불과한 부대에 패하고만 허망한 전투인 것이다.

전쟁은 승리할 수도 있고 패배할 수도 있다. 하지만 전진은 비수 대전에서 단 한 번의 패배로 나라가 몰락했다. 이 전쟁에 너무 많은 병사를 보내 내부에서 나라를 지탱할 힘이 남지 않았기 때문이다. 부견의 실수는 승리 가능성을 제대로 따져 보지도 않고 모든 것을 한꺼번에 올인해 버린 것이다. 세상일은 욕심만 가지고 이루어지지 않는다. 기존의 승리 방정식이 계속 작동하리라고 기대해서도 안 된다. 준비되지 않은 상태로 외부에 나가서 싸우면 모래성을 쌓는 것과 다르지 않다.

파트너십을
구축하라

탈라스 전투
서기 751년

> 고선지의 원정은 한니발과 나폴레옹의 업적을 뛰어넘는다.
>
> -오렐 스타인(헝가리 태생 영국 고고학자)

전성기를 누리던 당나라는 서진 정책으로 꾸준하게 신장 지역을 개척했다. 이때의 군 지휘관은 고구려 유민의 후예이며 안서도호부 부도호 겸 사진 도지병마사 직책을 가진 고선지였다. 여기서 언급되는 호탄(우전), 카슈가르(소륵), 카라샤르(언기), 쿠차(구자)를 일컬어 안서사진이라고 불렀다.

신장이 안정되자 교역로를 확보하려는 목적으로 파미르고원 너머 소그디아나를 넘보기 시작했다. 만약 그곳을 확보한다면 장안에서 신장을 거쳐 중앙아시아 지역을 잇는 교역로를 안정시킬 수 있었다. 고선지는 세 차례 원정을 통해 현재 신장과 러시아와의 국경 지대인 일리분지, 키르키스스탄의 이식쿨, 아프가니스탄의 쿤두즈와 카불, 파키스탄 북부의 카시미르의 보호자가 되었다.

751년 1월, 고선지는 군대를 이끌고 석국(오늘날 타슈켄트)을 정복하고 많은 군마와 재물을 약탈하는 데 성공했다. 석국 투둔(tudun, 왕)의 이름은 차비시로 기록되어 있다. 고선지가 타슈켄트로 입성하자 차비시는 항복을 청하고 당나라에 거듭 충성을 맹세했다. 안서절도사 고선지는 당나라를 배반했던 차비시를 꾸짖고 수도 장안으로 보냈는데, 당 조정에서 차비시의 목을 베었다. 이것이 지역에 상당한 반향을 일으켰다. 항복하고 충성을 맹세했는데 살해당했으니 말이다.

이때 도망친 석국의 왕자가 하나 있다. 그는 서역의 여러 나라에 사신을 보내 반당 궐기를 호소했다. 이 호소에 응한 강력한 세력이 있었으니 아랍인이 지배하는 아바스 제국이다. 서기 622년 예언자 무함마드는 성전(헤지라)을 선포하고 무력 정복에 나서 아라비아 반도를 지배했다. 이후 그의 후계자들은 시리아, 북아프리카, 메소포타미아, 페르시아로 이슬람의 영토를 확장했다. 661년 칼리파 세습 왕조인 우마이야 왕조가 다마스쿠스에서 탄생했고, 750년에는 아바스 왕조가 바그다드에서 새로운 패자로 등장한 참이었다.

당나라와 석국 간의 분쟁은 페르시아를 넘어 중앙아시아로 세력을 확장하려는 계획을 갖고 있던 아바스에게는 좋은 기회였다. 당나라에 대항하자는 석국 왕자의 호소에 아바스가 주력군을 보내고 주변의 서역 국가들도 동조해 연합군이 결성되었다. 고선지도 급히 당에 충성하는 서역 부족을 모아 대항군을 조직했다. 그렇게 동양과 서양 문명이 대결을 벌인 역사에 길이 남을 전투가 시작되었다. 바로 탈라스 전투다.

동양 문명과 서양 문명의 세기의 대결

751년, 오늘날 키르키스스탄 일대에 있는 탈라스 평원에 두 군대가 집결했다. 한편은 고선지가 지휘하는 당나라와 그 연합군이고 다른 한편은 아바스를 주축으로 하는 이슬람 연합군이었다. 기록에 따르면 당 연합군의 병력 수는 2만 4,000에서 6만에서 7만까지 다양하다. 이슬람 연합군의 수는 과장해서 20만이라고 하는데 믿을 수 있는 숫자는 아니다. 어쨌든 이슬람 측 숫자가 많았던 건 분명해 보인다.

이 전투가 어떻게 진행되었는지 그 과정은 알려져 있지 않지만 결과는 알 수 있다. 고선지와 당군의 패배였다. 그렇다면 고선지는 왜 패배했을까? 우선 지리적으로 이곳은 당나라와는 매우 멀리 떨어져 있는 건조한 사막 지대다. 당군이 아무리 강력하다 해도 먼 거리를 원정 온 군대가 불리하기 마련이었다. 둘째는 당나라와 연합했던 튀르크 계열 카를룩군의 배신이었다. 게다가 발한나도 배신했고 서역의 민족들이 대거 당의 편에서 이탈한 것이다. 이들은 왜 배신했을까? 두 세력이 대치할 때 약소민족은 어떤 편이 이길 것인지에 목숨을 건다. 동쪽의 당나라 세력이냐 서쪽의 이슬람이냐의 갈림길에서 서역인은 대거 이슬람 쪽으로 지지를 돌렸다.

탈라스 전투의 향방은 이렇게 결정되었다. 전방에 있던 발한나가 돌아서고, 후방의 카르룩이 떨어져 나간 상황에서 당군의 패배는 자명했다. 아랍 측 자료에 따르면 당나라 7만 군사 중 5만이 전사하고 2만이 포로로 잡혀갔다. 그나마 다행인 점은 사령관 고선지는 이 싸움에서 목숨을 건졌다는 것이다.

이 전쟁에서 이슬람 연합군의 군세가 훨씬 컸던 것은 분명하다. 하지만 전쟁은 병사의 숫자로만 하는 것이 아니다. 당나라 군대는 현장 경험이 많았고 고선지는 서역을 세 차례 정벌하기도 한 명장이었다. 하지만 현지인의 신뢰를 얻지 못했는데 충성하겠다던 석국왕을 죽였고 그곳을 철저히 약탈했기 때문이다.

탈라스 전투의 패배는 외국 비즈니스를 할 때 유념해야 할 중요한 사례다. 좋은 제품과 강력한 마케팅 전략이 있더라도 신뢰할 만한 현지 파트너의 중요성은 빼놓을 수 없다. 스타벅스가 한국에서 가장 큰 커피 전문점이 될 수 있었던 데는 신세계라는 파트너가 맡았던 역할이 매우 크다. 글로벌 본사의 방침도 중요하지만 현지 실정에 맞는 제품과 서비스를 구현하는 것은 비즈니스 파트너이기 때문이다.

생각을 빼앗기면
나머지도 모두 빼앗긴다

고선지의 사망

서기 756년

"관중은 동쪽에 효산과 함곡관이 있고 서쪽에는 험한 산지가 있습니다. 중심지에는 비옥한 들판이 있고 남쪽에는 파촉의 풍부한 자원이 있습니다. 삼면이 험준한 지형에 의지해 굳게 지킬 수 있기에 단지 동쪽 면만 잘 지키면 됩니다. 그러니 관중을 수도로 정해야 합니다."

-장량, 한 고조 유방이 항우를 물리친 후 수도를 정할 때

관중 지방은 첫 통일 제국인 진(秦)의 수도였고 한나라와 당나라의 수도였다. 이곳 관중을 수도로 정하는 왕조가 가장 충실하게 지켜야 할 지점이 바로 함곡관이었다. 남쪽은 진령 산맥 험준한 산줄기가 이어지고 북쪽은 위하가 지나는 협곡으로 이루어져 있었다. 마차 한 대

가 겨우 지나갈 수 있는 험준한 관문이었다. 이곳은 진나라 효공 때 세워졌는데 험하기로 유명하여 '천하제일험관(天下第一險關)'이라 불렸다. 관중 지역에 수도를 정한 역대 왕조는 동쪽에서 반란이 일어날 경우 함곡관을 반드시 사수하여 황성을 보호하기 위해 애썼다. 하지만 이곳의 중요성을 간과하고 실책을 범하는 경우도 있었다.

관중을 지키지 못한 현종, 억울하게 죽은 고선지

당 현종(재위 서기 712~756년)이 가장 대표적이다. 당시는 안사의 난이 한창 벌어지고 있었다. 755년 절도사 안록산이 반란을 일으켜 파죽지세로 당나라의 동쪽 수도 낙양을 불태우고 장안으로 진격하던 상황이었다. 탈라스 전투에서 패해 간신히 목숨만을 건진 고선지는 하서절도사라는 한직으로 밀려나 칩거하던 중이었다.

반란군이 낙양을 점령하자 황제는 군대를 편성해 반란군을 막도록 지시했다. 총사령관은 현종의 6번째 아들인 이완이라는 인물이었지만 실질적으로 군대를 지휘한 건 고선지였다. 나라의 운명이 경각에 달린 상황에서 어렵게 출정한 고선지에게 반갑지 않은 인물이 한 명 따라붙었다. 현종이 안록산 토벌군의 실질적 사령관인 고선지에게 환관 변령성을 보좌로 붙여 준 것이다. 변령성은 말이 보좌이지 사실상 고선지의 일거수일투족을 감시하는 역할이었다.

낙양 부근으로 군대를 이끈 고선지는 그곳의 상황이 매우 어렵다는 것을 알게 되었다. 안록산의 군대는 사기가 높았고 매우 강성한 15만이나 되는 대군이었다. 실제 작은 전투에서 패하기도 했다. 따라서 적과 적극적으로 상대하기에는 적이 매우 강해 수도 장안을 방어하기가 현실적으로 어렵다고 봤다. 그래서 전략적 요충지 동관으로 군대를 후퇴시켜 그곳을 막으면 된다고 생각했다.

고선지는 군대를 이끌고 동관으로 이동하기 전에 중요 보급 창고인 태원창에 들러 그곳에 쌓여 있던 보급품을 군사들에게 나눠 주고 창고를 불태워 버렸다. 그곳의 물건들이 반란군의 전리품으로 넘어갈 것을 우려한 것이다. 그리고 동관으로 이동해 방어 진지를 새로 구축하고 무기를 손질했다. 곧이어 안록산의 군대가 동관에 들이닥쳤으나 성안에서 만반의 준비를 하고 있던 당군에 의해 격퇴되었다.

이 일련의 과정을 지켜보던 이가 있었으니 바로 환관 변령성이다. 그는 사령관 고선지가 자신과 군사 일을 상의하지 않자 앙심을 품었다. 그리고 장안에 있던 현종에게 보고를 올렸다. 동관을 지키는 봉상청과 고선지가 적에게 패했을 뿐만 아니라 군사들에게 내려야 할 물품을 착복했고, 나라가 위급한 시기에 한가로이 뱃놀이를 즐기고 있으니 처벌을 해야 한다고 말이다.

누가 봐도 악의적인 보고라는 생각이 들지만 이를 읽어 본 현종은 이성을 잃을 정도로 화를 냈다. 그리고 두 장수를 처형하도록 명을 내렸다. 젊어서 현명한 군주로 명성이 높았지만 이때의 현종은 망해 가는 나라 군주의 전형이었다. 물론 봉상청과 고선지가 안록산의 반란 군에 패해 소규모 군사를 잃은 것은 사실이지만 그렇다고 가장 유능한 두 장수를 처벌할 상황은 아니었다. 반란군이 목전에 온 긴급한 상황에 환관 태감의 보고서만 믿고 장수를 처형하면 수도 방어에 심각한 문제를 초래할 것이었다. 하지만 이를 생각하지 못한 현종은 두 장수를 사형에 처했고 가서한에게 군사를 이끌고 동관을 나가 낙양을 공격하라고 명을 내렸다. 적의 기세가 어느 정도인지 제대로 파악하지 못하고 지켜야 할 곳을 지키지 않은 채 공세로 나간 셈이다.

결국 가서한의 군대는 낙양성 부근에서 20만 대군이 궤멸당했다. 동관을 지키는 병사는 아무도 없었다. 결국 당나라 궁궐 장안성은 반란군에 의해 불탔고 현종은 촉 지방으로 피난길에 올라야 했다.

전쟁에서 승리를 거두기 위해서는 지켜야 할 때와 공격해야 할 때를 잘 구분해야 하는 법이다. 적이 강성하면 지켜야 하고 아군이 유리할 때 나가서 싸워야 한다. 공격하는 측은 수비하는 측이 다섯 배 이상의 군사가 있어야 승리할 수 있다.

따라서 아무리 안록산의 군대가 규모가 크고 강성하다고 해도 유리한 장소에 성을 쌓아 놓고 수비하는 당군을 쉽게 이기기 어려웠을 것이다. 만약 고선지가 동관을 잘 지키고 있었다면 안록산이 장안을 쉽게 점령하지는 못했을 것이다. 하지만 변령성의 거짓 보고를 읽은 현종은 잘못된 결정을 내렸고, 현장 경험이 있는 장수를 죽였다. 더욱더 잘못된 의사 결정은 동관을 나가 벌판에서 적과 싸운 것이다. 유리한 상황을 버리고 불리한 것을 선택한 셈이다.

무능함은 얕은수로
덮이지 않는다

정강의 변

서기 1127년

송과 화친해 요를 물리친 다음 석경당이 요(거란)에게 내준 연운 지역 땅을 돌려주면 된다.

-송 휘종, 금나라에 보낸 친서

한반도 북부와 만주 지역에서 살던 여진족은 요나라의 지배하에 있었지만 1115년 족장 완안아골타에 의해 독립하면서 금나라를 건국했다. 이를 알게 된 송나라는 그간 치열하게 다투었지만 막아 내지 못해 막대한 세폐를 내야 했던 요를 공략할 기회라 여겨 금에게 제의했다. 그간 요에 바치던 공납을 금에게 줄 테니 남과 북에서 협공하자고 말이다. 이 제의를 신흥 세력으로 등장한 금 입장에서도 마다할 이유가 없었으니 두 나라 사이에 조약이 맺어졌다.

송 조정은 여진족을 이용해 요를 제압하고 숙원인 연운 16주를 회복하려는 속셈이었다. 하지만 송군은 백만 대군이라 칭해졌지만 병력만 많았을 뿐, 북방 유목 기병을 제압할 역량은 갖고 있지 못했다. 문치 위주 통치 방식에도 문제가 있었지만 화북 평원에서 유목 기병을 막아 낼 수는 없었던 것이다.

그렇게 요를 향한 공격이 시작되었는데 송군이 요와 싸우기만 하면 패했다. 당시의 요군은 제대로 된 군대가 아니라 금의 공격을 피해 도망쳐 온 거란족 피난민의 연합 세력에 불과했다. 그러나 보병 위주의 송군이 비록 피난민일지라도 기마대 위주의 거란족을 이겨 내기는 현실적으로 쉽지 않았을 터다.

자신의 무능함도
파악하지 못한 휘종

서로 협공하자고 해 놓고 역할을 제대로 못하는 송의 모습을 금 입장에서 보면 화가 날 수밖에 없었다. 그래서 사신을 보내 항의하자 송은 공물을 더 많이 바치는 것을 조건으로 내세워 달랬다. 금이 이를 수락해 당장의 갈등은 해소되었다. 그렇게 요는 금과 송의 협공에 멸망하고 일부 세력은 서쪽으로 도망쳐 카라키타이(서요)를 세우게 된다. 금은 송의 군사력이 얼마나 허약한지 단박에 알아차렸고 더 많은 재물을 원한다면 어떻게 해야 하는지도 알게 되었다.

문제는 실력이 없다면 신뢰라도 있어야 하는데 그렇지도 못했다는 것이다. 송은 요가 멸망한 후에도 금에게 주기로 한 공납을 차일피일 미루었다. 게다가 이미 망해 버린 요의 일부와 접촉해 금의 내분을 조장하는 정치 공작을 폈다는 게 드러났다.

송의 입장에서 요는 비록 이민족이었지만 어느 정도 수준에 도달한 국가라고 인식하고 있었으나 여진족이 세운 금에 대해서는 그렇지 못했다. 최고 수준의 문명국가라 자부하던 자신들이 만주의 오랑캐들에게 공납을 바친다는 게 자존심에 큰 상처였다는 것을 미루어 짐작할 수 있다. 하지만 상대는 비록 문명 수준이 낮을지라도 전투력은 강한 여진족이었다는 사실이다.

송의 배신에 분노한 금은 곧바로 군대를 파견해 송의 군대를 간단히 격파했고 수도 변경을 포위했다. 하지만 포위된 와중에도 송 휘종은 사치와 미신에 심취해 있었다. 곽경이라는 자가 내세운 도술 진법을 군대에 적용해 봤지만 여진족 군대를 이길 재간은 없었다. 상황이 이렇게 되자 휘종은 장남 흠종에게 양위하고 남쪽으로 피난을 떠났다. 그리고 흠종은 금군과 화의를 맺었다. 화북 지방 대부분의 땅을 제공하고 금 1,000만 냥, 은 2,000만 냥, 비단 1,000만 필의 배상금 지불이 조건이었다. 그렇게 금은 변경의 포위를 풀고 군대를 철수했다.

그런데 이걸로 끝이 아니었다. 송의 지배층은 여전히 현실 감각이 없었다. 흠종과 대신들은 금군이 철수하자 또다시 주전론을 폈고 금과 한 약속을 또다시 파기해 버렸다. 아마 금은 송의 이런 행태를 예상하고 있었던 듯하다. 송이 금과 싸우겠다고 천명한 즉시 군대를 보내 변경을 다시 포위해 버렸다. 그리고 이전에는 그냥 포위해 위협만 주었지만 이제는 성을 함락시키려 했다. 화북의 농민들을 화살받이로 세우고 공성기를 제작해 변경성을 공략했다.

1126년, 장장 8개월에 걸친 공방전 끝에 송의 수도 변경(개봉)이 마침내 함락되었다. 금은 휘종과 흠종을 비롯한 송의 황족 및 관료 3,000명을 포로로 잡고 대량의 서적과 그림, 금은보화 등과 함께 북방으로 끌고 갔다.

이 사건을 역사가들은 '정강의 변'이라 부른다. 한편 휘종의 9번째 아들 조구(고종)가 극적으로 탈출하여 강남 임안에 남송을 세우니 송은 명맥을 이어 가게 된다.

북송을 멸망에 이르게 한 휘종은 문인이자 예술가로서 탁월한 재능을 지닌 인물이었다. 자신만의 독특한 서체를 개발하기도 했고 시서에서 능했다. 또한 예술가로서도 능력이 출중했고 예술품도 좋아하여 예술품 수집을 위해 명금국이라는 기관을 만들어 전국의 진귀한 예술품들을 수집하게 했다. 그에게 닥친 불행은 그의 직업이 예술가가 아니라 한 나라를 통치해야 하는 황제였다는 사실이다. 차라리 유능한 이를 등용해서 그에게 전권을 위임하고 예술을 즐겼다거나, 나라를 평안케 한 뒤에 노후에 소일거리로 즐기는 정도에서 끝냈다면 상관이 없었을 것이다.

하지만 북송은 황제가 한가롭게 예술 활동에 전념할 만큼 한가롭지 않았다는 데 문제가 있었다. 조약을 맺은 상대에 대한 신뢰는 없었고 금나라에 비해 군사력은 약하면서도 자존심만 셌다. 결국 불행을 자초했다고 할 수 있겠다. 하고 싶은 일이 있더라도 리더로서 제 역할을 하지 않았을 때 맞아야 하는 불행은 현실이다.

위기에도 함께할
내 편을 만들어라

발주나 맹약
서기 1203년

별이 있는 하늘은 돌고 있었다.

여러 나라가 싸우고 있었다.

자리에 들지 아니하고 서로 빼앗고 있었다.

흙이 있는 대지는 뒤집히고 있었다.

-몽골《비사》

한겨울의 몽골고원은 최저 영하 45도까지 내려간다. 여름이 되어 그늘이 없는 곳에 있으면 영상 40도가 되기도 한다. 기온 차가 무려 85도다. 그런 곳에서 아버지를 일찍 여읜 소년 테무친은 부족에서 쫓 거나 어려운 삶을 경험하며 성장해야 했다. 그곳은 계절에 따라 이동해야만 살 수 있는 목축과 사냥의 고장이다. 근본적으로 자연에서 얻을 수 있는 생산품이 절대 부족했다. 따라서 한정된 자원을 차지하기 위해 끊임없이 살인을 하고, 결혼하기 위해 여자를 납치하고, 싸움에서 진 상대를 노예로 삼는 일이 일상이다. 또 금(金)이나 요(遼)같은 이웃의 제국들은 몽골고원의 유목민들이 서로 조직을 만들지 못하도록 끊임없이 힘을 조절했다. 정기적으로 침입해서 성인 남자들을 죽이고 서로 반목하도록 조장했다. 유목민들이 뭉치는 날에는 밖으로 표출될 힘이 강력하기 때문이었다.

형제 부족들에게 가진 것을 빼앗기고 추방당해서 살아남아야 했던 소년은 처절한 생존의 자기 본능을 보여 주었다. 그가 어릴 적부터 세계를 깜짝 놀라게 할 만한 위대함을 드러낸 것은 아니었다. 그저 살기 위해 들짐승을 잡아먹었고 가족을 지키기 위해 늑대를 쫓아내는 기술을 익혔다.

어린 시절 테무친은 개를 무서워했고 잘 울기도 했다. 남동생 카사르는 그보다 훨씬 활을 잘 쏘고 씨름도 잘하고 체격도 컸다. 배다른 형 벡테르는 아버지가 일찍 돌아가신 집안에서 가장 나이 많은 남자로서 가장 노릇을 할 가능성이 높았다. 또 벡테르가 성장한 후 관습에 따라 테무친의 어머니를 아내로 삼을 수도 있었다. 테무친은 다른 사람의 권위와 명령에 종속되는 것을 매우 싫어했다.

나이가 들어 감에 벡테르는 장남으로서 힘을 발휘하려 했고 이에 형제들 간에 알력이 생기기 시작했다. 형의 권위와 미래에 예상되는 어머니와의 관계를 참을 수 없었던 테무친은 동생 카사르와 함께 벡테르를 활로 쏘아 죽인다. 어쩌면 테무친이 가지고 있던 기존 권위에 대한 저항 의식은 새롭고 강력한 국가를 형성하는 데 가장 중요한 요인이 되었을 가능성이 높다.

칭기즈 칸을 탄생시킨 위기

테무친이 유목 전사로서 출발하게 된 사건은 메르키트족의 습격이었다. 이때 명문가 집안이었던 자무카와 함께하며 그의 부장으로서 용맹을 떨칠 수 있었다. 하지만 천하에 영웅은 둘일 수 없는 법이다. 이 시절에 테무친은 보오르추와 노예 출신 우랑카이 젤메, 수부타이 등 많은 이에게 사랑을 받았다. 혈통과 아무 관련 없이도 그의 인기는 꽤 높았고, 이를 경계한 자무카는 그와 함께할 수 없다고 천명했다. 이렇게 자무카와 헤어져 자신만의 독자적 세력을 구축해 가자 지지하는 부족민들에 의해 카마그 몽골의 칸으로 추대되었다. 아직은 몽골 일부 종족의 칸이 되었을 뿐이어서 단순히 테무친 칸으로 불렸다. 그가 '칭기즈 칸'이란 호칭을 받은 것은 초원을 통일하고 나서의 일이다.

테무친의 고원 통일 과정에서 가장 드라마틱한 장면은 발주나 호숫가에서 19명의 전사와 맺은 맹약이다. 《삼국지》에 도원결의가 있듯 몽골 초원에는 '발주나 맹약'이 있다. 테무친은 옹 칸과 함께 수많은 전투를 치렀다. 심지어 의붓아버지로 섬기기까지 했는데 어느 날부터 옹 칸의 견제를 받기 시작했다. 옹 칸이 테무친의 세력이 점점 더 커지는 것에 두려움을 느꼈기 때문이다. 테무친은 옹 칸과 결혼 동맹을 맺으려 했지만 거절당하면서 사이가 점점 악화되었다. 옹 칸은 테무친의 혼인 제의를 받아들이겠다고 거짓말을 한 후 배신을 하고 테무친을 급습했다. (1203년) 이때 옹 칸 측에 아들 주치의 혼인 면담을 하러 수행원 몇 명만을 데리고 방문한 테무친은 바다이와 키실릭이 알려 주어 위기를 모면할 수 있었다. 이후 테무친은 전사들을 모아 옹 칸의 부대에 대항했지만 세력이 부족해 상당한 군사를 잃고 쫓기게 되었다.

그때 테무친과 19명의 전우는 발주나 호숫가에 모였다. 먹을 수 있는 것이라고는 호수의 흙탕물 밖에 없었고 그들은 이를 함께 마시며 패전의 아픔을 나누었다. 지고의 존재이며 우주의 중심이고 창조의 원천이라 믿는 텡그리(하늘신)에 감사를 드리며 미래의 비전과 생사를 같이하고자 맹세했다. 이들은 모두 몽골 초원을 하나의 세력으로 통일하고 세상을 깜짝 놀라게 한 핵심 세력이 되었다.

발주나 맹약의 의미는 여기에 참여한 19명이 서로 다른 9개 부족 출신이었다는 점이다. 친인척은 친동생 카사르뿐이었고 오히려 몽골 부족은 소수였다. 게다가 이슬람교도, 기독교도, 불교도, 샤머니즘 등 다양한 종교를 따르는 이들이었다. 이로써 발주나 맹약에 참여한 19명은 칭기즈 칸을 중심으로 '동지애적인 전사 결사체'가 되어 몽골의 핵심 주체 세력으로 성장했다.

 칭기즈 칸이 세계 최대의 육지 제국을 만드는 과정에서 시행했던 관용의 정신은 잘 알려져 있다. 부족과 종교를 가리지 않았고 차별하지 않았다. 출신에 관계없이 능력이 있다면 리더가 될 수 있었다. 이후 몽골은 친족, 인종, 종교를 떠나 능력 중심, 통합 정신에 입각한 관용 사회로 나아갈 수 있었다.

 오늘날 여전히 가까운 사람, 같은 학교 출신, 같은 종교를 가진 사람 등을 편애하고 좋은 자리에 쓰는 모습을 본다. 변화가 느린 안정된 시대라면 기득권을 가진 사람이 유리한 건 분명하다. 그러나 요즘은 변화가 워낙 빨라 기득권이 무너지는 시대다. 출신도, 학력도, 자격증도 미래를 보장하지 않는다. 새로운 변화에 적응하고 그에 발맞춰 나가는 사람이 좋은 기회를 찾을 수 있는 시대다.

씨움은 이기려고
하는 것이다

조지아 중세 기병의 몰락

서기 1221년

그곳이 함락되자 살아 있는 것은 모두 다, 여하한 인간이든 어떤 종류의 가축, 짐승, 조류든 가리지 않고 모두 죽이고, 포로나 전리품은 하나도 취하지 말며, [그곳을] 사막으로 만들어 이후로는 건물을 짓지 말고 어떤 인간도 그곳에 살지 못하도록 하라는 명령을 내렸다.

-라시드 앗 딘, 《집사》

칭기즈 칸이 화레즘을 정벌한 후 도망친 무함마드 샤 2세를 뒤쫓는 별동대를 수부타이가 이끌게 되었다. 그는 샤의 뒤를 쫓아 이란 고원을 정벌하고 카스피 해안에 도달했다. 하지만 이미 샤는 배를 타고 멀리 안전한 곳으로 떠났다는 소식을 남겼고 어쩔 수 없이 수부타이는 칭기즈 칸에게 작전 실패를 보고할 수밖에 없었다. 그러는 사이 무함마드 샤가 카스피해의 작은 섬에서 굶주림에 지쳐 죽었다는 사실을 수부타이는 알지 못했다.

수부타이는 전령을 보내 카스피해 너머에 있는 얼굴은 갸름하고 밝은색 머리에 눈이 파란 사람들이 살고 있는 킵차크의 땅에 대해 전했다. 그리고 자신과 제베 그리고 2만 군사가 그 지역으로 원정하여 탐색하겠다는 보고서를 보냈다. 이에 칭기즈 칸은 괜찮은 의견이라고 생각하여 3년의 기한을 주고 떠나도록 허락했다.

1220년 늦은 여름 수부타이와 제베가 이끄는 2만 5,000에서 3만 명가량의 몽골 병사들은 인류 역사상 가장 놀라운 기마 탐색대가 되어 카스피해 부근 초원을 출발했다. 그들 앞에는 어떤 세상이 펼쳐 있는지 알 수 없었다. 또한 얼마나 강력한 군대가 지키고 있을지도 판단할 수 없었다. 그저 리더 수부타이의 능력을 시험해 볼 뿐이었다.

수부타이 같은 몽골인의 특기 중 하나는 탁월한 정보 수집 능력이었다. 평소 정보 수집을 담당하는 막료를 별도로 두었고 다양한 언어와 지형을 잘 이해할 수 있도록 노력을 기울였다. 그들은 항상 가야 할 길에 대한 정보를 수집하기 위해 현지인들을 재물로 포섭했다. 인구는 얼마나 되며, 군사력은 어떤 수준인지, 지배층의 신뢰도는 어느 정도인지 등등을 알려고 노력했으며 특히 지리적 특성에 대한 지식을 습득하는 데 노력을 기울였다. 그들이 아조프 해안을 답사할 때 만난 베네치아 상인들과는 협약을 맺어 그들로부터 서방에 대한 정보를 얻었다. 이때 헝가리, 폴란드, 실레지아, 보헤미아 등 지역 군사 동향이나 인구, 농산물 종류와 산출물 등도 알아냈다. 현지 기후에 대한 정보도 필수였다. 정보를 제공한 베네치아 상인들에게는 그들의 상권을 보호할 수 있도록 다른 상인 세력을 척결해 주기로 약속했다.

달려드는 몽골군에 완전히 무너진 조지아 기병

수부타이는 군사들을 이끌고 카프카스 산맥을 향해 떠났다. 도중에 만난 도시들을 철저하게 파괴하거나 항복을 받으면서 정벌하고 지역 전사인 쿠르드족에게서는 병력을 조달했다. 그들이 막 카프카스의 경계에 들어갔을 즈음 강력한 군대를 보유하고 있던 조지아군을 만났다. 독실한 기독교 국가인 조지아는 중세 유럽 방식의 기병을 보유했는데 모두 완전 무장한 중갑 기병이었다. 하지만 그들의 전투력은 강하지 않았다. 농민을 관리하며 얻은 경험이 전투력의 거의 전부였고 똑같은 방식의 싸움을 하는 비슷한 적을 이기도록 진화한 폼 나는 싸움을 추구하는 이들이었다. 오로지 승리를 위해 전투 방식을 단련해 온 몽골 기병과는 상당히 다를 수밖에 없었다.

몽골군은 조지아군을 만나자 그들의 상황을 정확히 파악했다. 겁 멋이 들어 싸움을 걸면 즉시 쫓아오는 습성을 지녔던 것이다. 몽골군에게 이런 군대는 쉽게 먹을 수 있는 먹잇감이었다. 조지아군과는 우선 정면 대결하지 않고 약을 올렸다. 그리고 패한 척 후퇴를 거듭했다. 그럼 무거운 무장을 한 조지아 기병은 지칠 수밖에 없었다. 그 순간 매복해 둔 몽골군의 화살 세례가 시작되었다. 이 싸움의 결과는 조직력의 해체로 이어졌고 곧 살육이 시작되었다. 이 전투 후 조지아의 귀족 계급은 거의 사라졌고 상당수의 기병이 몽골군에 흡수되었다. 이후 조지아는 몽골의 충성스러운 병력 공급처가 되었다.

몽골군을 만난 조지아 기병들은 당황할 수밖에 없었다. 평소 그들은 농민을 통치하는 데 주로 활용되었고, 몽골처럼 유목 기병과 조우한 일이 없었기 때문이다. 그리고 당연히 몽골군이 쓰는 기만전술에도 속수무책이었다. 싸움이란 평원에서 정면 대결을 하는 것이라 알고 있던 그들에게 작고 초라한 말을 탄 몽골군과의 싸움은 허무해 보였다. 하지만 몽골군에게 전투란 승리하는 것이지 폼 잡자고 하는 게 아니었다. 오로지 승리를 위해 다양한 전술을 썼고 그것들은 매우 강력했다. 치고 빠지기 전술, 포위 전술, 기만전술을 잘 썼는데 특히 치고 빠지기 전략이 주효했다.

전투는 스포츠 또는 경영 행위와 매우 유사하다. 중간 과정이 아무리 훌륭해도 결과가 좋지 못하면 잘했다는 소리를 듣기 어렵다. 과정에 형편없었다고 해도 결과가 좋으면 잘한 경영이라 칭송받는다. '졌지만 잘 싸웠다!'는 말은 아무 소용없는 일이다.

후퇴는
또 하나의 전략이다

칼가강 전투
서기 1223년

그들이 적과 교전하게 되면 이런 식으로 승리를 거둔다. 그들은 절대로 백병전에 휘말리지 않고 말을 타고 계속 주변을 돌면서 적에게 화살을 쏜다. 그들은 적에게서 도망가는 것을 수치스럽게 생각하지 않기 때문에 (경우에 따라서는 일부러) 자주 후퇴하는데, 그때에도 안장을 거꾸로 앉아 적에게 조준 사격(파르티안 샷)을 해서 큰 피해를 입힌다.

-마르코 폴로,《동방견문록》

카프카스 남쪽의 조지아를 정벌한 수부타이의 몽골군은 여전히 저항하는 주변의 토호국들을 모두 정벌한 후 산맥을 넘었다. 이후 목초지를 찾아 카스피해 북쪽까지 이동했고 이 지역에서 튀르크계 킵차크족을 흡수하면서 소모된 전력을 보충했다. 수부타이와 제베는 여전히 전리품이 부족하다고 여기고 아조프해를 지나 크림반도 지역까지 정벌한 후 귀환하기로 정하고 실행에 옮겼다. 이 과정에서 크림반도에 형성되어 있던 베네치아와 제노아 공화국 무역 도시들이 약탈당하는 수모를 당했다.

이제 전리품도 충분히 챙겼다고 여긴 몽골군이 귀환할 준비를 할 즈음 몽골군의 소문이 키예프와 주변 국가들에게로 퍼졌다. 동쪽에서 온 쥐새끼 같은 말을 탄다는 몽골군이 계속 서진해 루시공국까지 올 것이라는 이야기까지 돌았다. 몽골군이 아조프해를 정찰하고 드네프르강 지역을 초토화하고 있다는 소식을 접한 갈라치아 대공 므스티슬라프는 지역 영주들에게 호소했다. 그리하여 갈라치아 대공을 중심으로 볼리니아 대공, 쿠르스크의 대공, 키예프와 체르니고프 대공 등이 군사를 제공해 약 8만 명의 연합군의 결성되었다. 사상 최초로 중세 기병 중심의 군대와 유목 기병 군대 간의 결전이 불가피해졌다.

몽골군의 위장 퇴각 그리고 섬멸

루시 연합군의 심상치 않은 움직임을 알게 된 수부타이는 수적으로 우세한 루시군을 격파하기 위한 전략을 수립하고 최적의 지역을 골랐다. 겨우 2만 명 수준의 기병 군대로 중무장한 기병을 보유한 8만의 루시군을 정면으로 부딪치는 건 몽골 방식이 아니었기 때문이다. 루시군이 가까이 접근하자 몽골군은 한 번 접전해 본 후 서서히 퇴각했다. 그러면서 수시로 궁병을 후위로 보내 루시군을 괴롭혔다. 루시군과 몽골군은 일정한 거리를 유지하면서 9일 동안 추격과 후퇴를 거듭했다. 하지만 후퇴는 수부타이가 사전에 정찰했던 지형을 갖춘 지역으로 가는 것이었고, 영주들 연합으로 구성된 루시군 전열을 흩트리기 위함이었다.

1223년 봄, 몽골군은 칼카강 서쪽 기슭에서 후퇴를 멈추고 루시군을 기다렸다. 이때 루시군은 빠르게 이동한 기병대와 후위 보병대가 엄청난 거리로 떨어져 있었다. 전투 대형을 갖추고 기다리던 몽골군을 발견하자, 제대로 된 지휘 체계가 잡힌 군대라면 후위 부대가 따라와 전열을 정비할 때까지 기다렸겠지만 전공에 눈이 어두운 므스티슬라프는 정면 공격을 명령했다.

좁은 계곡으로 몰려든 루시군에 대항하여 몽골군은 집중적으로 화살 공격을 퍼부었고 당황한 루시군 기병 일부가 퇴각하자 후위에 따라오던 아군과 부딪쳤다. 혼란한 와중에 몽골군은 화로를 던져 뿌연 연기를 일으켜 시야를 어둡게 한 후 중기병대를 투입해 루시군을 둘로 나누었다. 이후 전투는 몽골군의 특기인 포위, 화살 공격, 그리고 대량 학살로 이어졌다. 이 전투로 1만 8,000명의 몽골인과 지역에서 흡수한 튀르크인 등 5,000명으로 구성된 몽골군은 대공 6명과 귀족 70명을 포함한 4만 명의 루시 연합군을 괴멸했다. 이어지는 몽골군의 맹렬한 추격은 드네프르강에 이를 때까지 약 250킬로미터에 걸쳐 패잔병의 학살로 이어졌다.

이 전투 이후 몽골군은 무리하게 우크라이나-루시 지역으로 진격할 생각은 하지 않았다. 본래 목적대로 지금까지 획득한 전리품을 가지고 칭기즈 칸에게 합류하기 위해 출발했다. 귀환 도중 동료 장수 제베는 병에 걸려 사망했지만 수부타이는 이 일대의 지형과 부족들에 대한 다양한 정보를 흡수했다. 이는 훗날 본격적인 서방 원정에서 큰 역할을 하고 루시 지역 대부분을 몽골이 정복하는 데 큰 기여를 했다.

칼가강 전투는 이후 수부타이가 치러야 할 수많은 전투의 실험장이라 할 만했다. 그는 전설의 명장답게 엄청난 전적을 세웠는데 32개 나라를 정복하거나 멸망시켰으며 역사에 기록된 것만 해도 61번의 회전에서 승리했다. 그 대표적 지역을 살펴보면 여진족의 금나라, 한족의 남송, 탕구트족의 서하, 튀르크계의 여러 부족, 아랍, 슬라브족의 러시아, 불가리아, 폴란드, 마자르족의 헝가리, 조지아, 아르메니아 등이다. 그는 유목민 특유의 치고 빠지기 전술에 명장이었으며 정보 수집에도 역량이 탁월했다. 유라시아 최대 영토를 가진 몽골 제국을 만드는 데 가장 크게 기여한 전사라 할 수 있다.

전쟁터에서 승리를 원하는 건, 삶에서 세운 목표를 달성하는 것과 같다. 승리하기 위해서 반드시 정면 대결을 해야 하는 것이 아니듯 목표를 달성하기 위해서 한 길로 똑바로 가야만 하는 것이 아니다. 특별히 취직하고 싶은 대기업이 있는데 현실적으로 어렵다고 느껴질 경우 관련 중견 기업에 우선 취직한 후 경력 사원으로 대기업에 입사하는 방법도 있다. 직장에서 인정받기 위해서 자격을 갖추고 경험을 쌓기 위해 어려운 직무에 도전해 보는 것도 이런 우회 전략의 일환이다.

야구에서 잘하는 투수는 빠른 직구만 던지지 않는다. 직구와 변화구를 적절히 섞어 던져야 홈런을 맞지 않고 타자를 이길 수 있다. 말하자면 속구는 정면 대결을 하자는 것이고 변화구는 상대를 속이는 것이다. 중요한 건 상대를 이겨야 한다는 것이다.

자신의 상황은
스스로 만드는 것이다

대칸 쿠빌라이
서기 1215~1294년

"사랑하는 나의 형제여! 이 반란의 싸움에서 우리가 옳았는가, 아니면 자네들이 옳았는가?"

쿠빌라이가 묻자 동생 아리크부카는 이렇게 답을 끝냈다.

"옛날에는 우리가 옳았고, 지금은 당신들이 옳습니다."

-아리크부카와 쿠빌라이의 대화

몽골의 4대 칸인 멍케 칸이 죽자 대칸 자리에 누가 오를지가 몽골 전체의 관심거리로 떠올랐다. 멍케의 자식들은 아직 어렸고 몽골족 전통에 따르면 대칸의 자리는 막내인 아리크부카 차지였다. 이미 그는 어머니의 총애를 받아 몽골고원을 영지로 하고 있었고 칭기즈 칸

가문 다수의 지지를 받고 있었다. 아리크부카가 칸에 오르는 것은 아주 자연스러웠고 그렇게 되면 쿠빌라이는 목숨을 부지하기 어려운 상황에 처할 것이었다. 그를 따르는 부하들도 상당수가 목숨을 내놓아야 할 것이고 북중국에 만들어 놓은 기반도 모두 사라질 참이었다.

대칸이 되기 위한
쿠빌라이의 전략

마음을 정한 쿠빌라이는 몽골고원에서 있었던 멍케 칸의 장례식과 대칸을 선출하기 위한 쿠릴타이에 불참했다. 그리고 자신을 지지하는 사람들을 모아 개평부에서 쿠릴타이를 열었다. 그리고 대칸 자리에 스스로 올랐다. 자신의 길을 가기 위한 쿠데타를 감행한 것이다. 그리고 아리크부카와 일대 결전을 위해 천천히 움직였다. 하지만 반드시 해야 할 주변 세력 포섭은 신속히 진행했다.

그는 중국 자연환경에 대한 이해가 깊었다. 초원과는 전혀 다른 전투 방식을 치러야 한다는 것을 알고 있었고, 칸 자리에 오를 동생 아리크부카의 약점이 무엇인지도 꿰뚫고 있었다. 먼저 그는 남송을 치기 위해 운남 정벌 대장으로 임명되었던 수부타이 장군의 아들 우량카다이를 자신의 휘하로 끌어들였다. 그리고 남송과는 평화 협정을 통해 시간을 벌었다. 칭기즈 칸이 자신의 동생들에게 영지로 주었던 만주 지역 동방 3왕가 타가차르를 자신의 편으로 끌어들였다.

이렇게 북중국에서 획득할 수 있는 세력은 정리해 두었지만 그는 여전히 약자였다. 그가 이끌던 군대는 몽골에서도 주변 부대였다. 여전히 세력의 중심은 몽골고원이었고, 초원 실력자 대부분이 아리크부카 편에 가담했다. 더구나 국가의 정통성은 정상적인 쿠릴타이를 통해 선출된 동생에게 있었다. 쿠빌라이가 가진 강력한 힘은 군대도 아니었고 국가의 정통성도 아니었다. 바로 몽골고원에 물자 공급처로 역할을 하고 있던 북중국 영토였다. 먼저 쿠빌라이는 초원의 카라코룸으로 향하는 물자 공급 루트를 차단했다. 칭기즈 칸이 몽골고원을 통일한 후 맨 먼저 대외 공략을 시작한 곳이 바로 북중국에 있던 금나라였다. 항상 물자 부족에 시달렸던 유목민에게 북중국과 금나라는 풍요의 땅이었다.

쿠빌라이가 개평부를 장악하고 몽골고원으로 가는 모든 보급로를 차단하자 제국의 수도 카라코룸은 당황했다. 그들은 전쟁을 서둘렀다. 이대로는 제국이 견딜 수 없었기 때문이다. 초원과 고원 지역 곳곳에서 전투가 벌어졌다. 몽골고원 카라코룸과 하서회랑 등이었다. 그런데 예상과 다르게 쿠빌라이 측이 대승을 거두었다. 그들이 가진 강력한 물자 덕이었다. 중국 지역에서 공급되지 않음으로 인해 야기된 물자 공급 부족은 아리크부카에게 또 다른 상황 변화로 이어졌다. 서쪽 차가타이 칸국 아르구 칸으로부터 세금을 징수하고 가축을 징발하려 했으나 그들이 등을 돌린 것이다. 이렇게 되니 아리크부카는 아르구칸을 징벌하기 위해 갈 수밖에 없었고 차가타이 지역의 민심이반을 불러왔다. 동쪽 지역에서 있었던 전쟁의 패배와 함께 서쪽으로부터도 고립되는 처지에 몰린 것이다. 결국 전쟁은 4년 만에 종결되었고 아리크부카는 자신의 참모들과 함께 쿠빌라이 진영으로 들어왔다. 패배를 인정하고 항복하기 위해서였다.

고려가 40년간이나 몽골에 저항했음에도 왕조가 보존된 이유에 대해서는 여러 주장이 있지만 쿠빌라이의 권력을 지지했기 때문이라는 설이 유력하다. 쿠빌라이가 동생 아리크부카와 경쟁하던 시절, 고려는 만주의 동방왕가와 함께 쿠빌라이 편에 섰고 이것이 큰 힘이 되었다. 이후 원세조가 된 쿠빌라이는 딸 제국대장공주를 고려 충렬왕에게 시집보내 고려의 왕비가 되게 했다. 본래 몽골의 황금씨족 직계 공주는 몽골인하고만 혼인하는 것이 허락되었는데, 쿠빌라이가 고려 왕족만은 예외로 했던 것이다. 비록 속국이었지만 고려 왕족을 유일하게 부마국이자 제후국으로 인정해 준 셈이다.

시간을
질질 끌어라

양양 공방전
서기 1267~1273년

이전 나라의 수도였던 도시는 프랑스어로 '천사의 도시'를 뜻하는 킨샤이라고 불리는 곳이다. 그곳에는 무려 160만 채의 집이 있었다.

-마르코 폴로, 《동방견문록》

칸 자리를 얻기 위해 동생 아리크부카와 싸웠던 쿠빌라이의 전략은 남송 핵심 지역인 형주 지역 공략에서도 그대로 실현되었다. 쿠빌라이는 칸에 오른 후 남송 정벌을 서둘렀다. 하지만 뛰어난 경제력도 있고 화려한 문명을 유지하고 있던 남송 수도 항주로 곧바로 진격하지 않았다. 그는 천천히 그리고 확실하게 남송을 얻고 싶었기 때문이다. 특히 그들이 가진 문명을 온전하게 유지해서 새로 탄생한 원나라를 유목 제국이 아닌 번영하는 문화 국가로 만들고 싶었다.

가장 먼저 해야 할 일은 남송 핵심 지역인 형주를 획득하는 일이었다. 이곳에서 그의 군대는 지금까지 해 왔던 몽골식 전법을 그대로 쓰지 않았다. 1268년 양자강 지류인 한수 접경이자 남송으로 가는 핵심 거점이었던 양양과 번성에 수십만 몽골군이 집결했다. 포로로 잡은 한족과 금나라 여진족을 앞세우고 몽골 기마병이 뒤따랐다.

온전한 천하를 얻기 위한
쿠빌라이의 지연 전술

지금까지의 몽골군 스타일로 보면 포로들을 앞세워 해자를 메우고 공성기로 불화살을 쏘아 맹렬이 공격할 터였다. 하지만 그들은 그렇게 하지 않았다. 몽골군은 말에서 내려 삽과 곡괭이를 들고 두 성을 멀리 둘러싼 토성을 쌓기 시작했다. 현실적으로 보면 양양과 번성 앞에는 한수가 흐르고 청하, 백하, 순하 등 넓은 강이 둘러싸고 있는 요지 중 요지였기에 강을 메울 수도 공성기로 공략할 수도 없는 지역이었다.

두 성을 지키던 남송 장수 여문환과 군사들은 어리둥절했다. 곧바로 공격할 줄 알았던 몽골군이 양양과 번성을 둘러싼 100킬로미터에 달하는 거대한 토성을 쌓고 움직이지 않았던 까닭이다. 그렇게 양양성과 토성은 대치 상태를 유지했고 시간은 속절없이 흘렀다. 여문환 장군은 가족을 성 밖으로 내보내는 등 절박한 마음으로 결전을 생각했지만 시간만 흐를 뿐 싸움은 일어나지 않았다. 하지만 그 사이 몽골군이 그냥 세월을 보낸 것은 아니었다. 지역에서 징발한 배들을 활용해서 수군을 양성하고 치열한 훈련을 거친 결과 남송 정부가 보낸 형주 지원군 10만 명을 물리칠 수 있었다.

여기에 몽골군은 토성과 양양성 사이 공터에 장터를 마련했다. 희한하게도 몽골군은 성안에 포위되어 있던 남송군에게 식량을 제공했다. 그들이 가지고 있던 물자들과 교환하면서 말이다. 그들이 노린 전략은 성안에 있는 사람들의 긴장 상태를 완화하고 점차 고립시키는 것이었다. 그렇게 전쟁도 일어나지 않은 상태로 대치는 5년이나 지속되었다.

남송군 입장이라고 생각해 보자. 전투다운 전투도 없고 성 밖 시장에서는 교환이 일어나고 있다. 하루 이틀도 아니고 5년씩이나. 그들의 마음은 느슨해질 수밖에 없다. 그들을 구원해 줄 남송 지원군도 오지 않고 그저 세월만 가고 있다. 그렇게 남송 장수 여문환과 군사들의 전투 의지는 꺾여 가고 있었다.

그 사이 번성이 함락되었고 2년이 지나자 몽골군은 돌연 양양성으로 돌 폭탄을 날리기 시작했다. 일한국에서 초청해 온 이스마일과 알 이 앗딘이라는 기술자가 만든 회회포였다. 80킬로그램이나 되는 엄청난 돌덩어리가 성안으로 쏟아져 들어오자 약해질 대로 약해진 송나라 군사들은 수없이 깔려 죽었다.

그렇게 3개월이 지나자 더 이상 견딜 수 없다고 판단한 여문환 장군은 휘하 장수들과 함께 몽골 진영을 찾아가 항복했다. 오랜 세월 몽골군에 포위되어 있던 사이 남송 정부의 무기력함에 배신감도 있었고 몽골군과 내통하고 있다는 엉뚱한 모함까지 받던 참이었다. 그를 맞이한 쿠빌라이는 여문환을 극진히 대우하고 포로로 잡고 있던 가족까지 풀어 주었다.

이에 감동한 여문환은 이후 남송 공격의 선봉장이 되었다. 뛰어난 장수로 명성이 자자하던 여문환이 몽골 측으로 돌아서자 다른 지역에서 저항하고 있던 수많은 장수가 몽골 측으로 투항했다. 이는 남송 중앙 정부의 급속한 몰락으로 이어졌다. 수도 항주는 저항하지 않고 항복했다. 결국 쿠빌라이가 원했던 온전한 남송 문명을 얻을 수 있었고, 이후 경항 운하 개발 등의 정책을 통해 경제를 발전시킬 수 있었다.

남송은 군사적으로 몽골에 비해 열세였지만 만만하게 볼 상대는 아니었다. 특히 기후와 지리적 조건으로 인해 몽골 군대가 남송을 쉽게 얻을 수 없었다. 남중국의 날씨는 덥고 습하기 때문에 북방의 기병이 제대로 활약하기 어려웠고 남송의 영역인 강남 지역은 곳곳에 습지와 강, 호수가 위치해서 강남 진군을 위해선 반드시 수군이 필요했다. 또한 남송의 경제력은 상당히 강했다. 사천과 강남의 막대한 생산력을 기반으로 남송은 양양과 번성 같은 요충지 지역에게 강력한 방어선을 구축했다. 따라서 쿠빌라이는 인내심 있는 전략을 펼쳐 장기간에 걸쳐 남송을 공략했다. 또한 여문환 같은 남송 장수들의 마음을 사서 남송 스스로 무너지게 만들었기에 온전히 보존된 남송을 획득할 수 있었다. 이것이 원나라 경제의 발판이 되었음은 물론이다.

이와 비슷한 사례로 삼국 시대 조조가 강남을 얻기 위해 이 지역을 공격한 적이 있었다. 하지만 그는 적벽 대전에서 오나라에 패했고 다시는 강남을 넘볼 수 없었다. 쿠빌라이와 비교해 보면 조조는 형주를 너무 쉽게 얻었기 때문에 오나라를 간단하게 공략할 수 있으리라고 생각했다. 따라서 제대로 준비가 되지 않은 상태에서 무리한 공격을 했고 그 결과는 참패였다.

어떤 것을 내 것으로 만들려 할 때 혹은 세를 불리려 할 때 신중한 상황 판단이 필요하다. 적의 상황은 어떤지 내 경쟁력은 무엇인지, 나는 무엇을 얻고 싶은지 등등을 따져서 그에 합당한 전략 수립과 실행을 해야 한다.

새로운 문제는
새로운 방식으로 해결하라

척계광의 왜구 척결
활약 서기 1555~1567년

천하의 일에는 어려운 것들이 많으나, 병(兵)에 관한 일에 미쳐서는 그 어려움이 더욱 극심하다. 세상에서 궁술과 마술 보기를 변변치 못한 재주라고 여기고 항오와 같은 부류로 비교하여 어리석은 사람의 일이라 여기는 이를 어찌 근본을 아는 주장이라고 할 수가 있겠는가?

-척계광, 《기효신서》

　고려 말과 조선에 걸쳐 왜구가 극심한 피해를 준 것처럼 동시대 명나라에도 골칫거리였다. 하지만 조선 초에 대규모 왜구 정벌이 있은 뒤로 한반도에는 얼씬도 못하고 대신 명나라 동해안을 타깃으로 삼았다. 1550년경 가장 풍요로운 지역인 절강성은 그 피해가 막심했다. 그곳은 오늘날에도 중국에서 가장 부유한 지역으로 상해, 항주, 소주가 위치해 있다. 명나라 시절에도 중국 최고의 부촌이자 경제, 금융, 상업의 중심지였다.

문제는 이곳을 지키는 군대였다. 그들은 숫자는 많았지만 제대로 훈련되지 못한 농민 출신들로 구성되었고 무기도 변변치 못했다. 여기에 이들을 지휘할 장교들은 구습에 젖어 있어 새로운 전술을 도입하려는 생각도 없고 지역 유지들과 유착 관계만 심화되고 있었다.

이런 곳에 일본인뿐만 아니라 중국인 부랑배 등 다양한 그룹으로 구성된 왜구는 해안 지역뿐만 아니라 도시 깊숙이 쳐들어와 장터, 부잣집, 관공서를 습격하고 재물을 약탈하고 인명을 살상했다. 왜구들은 일본 내전에서 갈고닦은 전투 실력으로 무장했는데 특히 사무라이들이 쓰는 일본도가 매우 강력했다.

일본도는 내전을 거치며 아주 강력해져서 한 손을 쓰는 다른 나라의 칼에 비해 양손을 쓸 수 있도록 제작되었다. 그래서 사무라이들이 내리치는 칼은 길고 힘이 셀뿐만 아니라 정확하기까지 했다. 긴 일본도를 두 손 잡고 휘두르는 왜구는 한 명이 18척(약 5.5미터)의 공간을 담당했다. 일류 사무라이 무사는 명나라 군대가 밀집 대형으로 뭉쳐 있는 한가운데로 뛰어들어 상대의 창과 방패, 그리고 몸통을 한 번에 갈랐다. 그러니 평지에 진을 치고 밀집 대형으로 싸우는 것밖에 몰랐던 명나라 군대가 사무라이들에게 속수무책으로 당할 수밖에 없었던 것이다.

왜구를 몰아낸
척계광의 원앙진

왜구에게 피해가 극심해지자 지역 유지들은 명나라 정부에 호소하여 유능한 장수를 보내 달라 요청했다. 이에 산동성 출신 장수 척계광이 부임하게 되었다. 부친의 지위를 이어받은 전형적인 무장 가문 출신이었지만, 그도 처음에는 무능한 군사들로 인해 고전을 면치 못했다. 고전적인 방식으로는 강력한 왜구를 이길 수 없음이 명백했다.

그는 우선 기존 군대를 해산하고 병사들을 시골 출신들로 새로 모집했다. 그들은 기존 군대가 쓰던 진법을 몰랐기에 새로 도입하는 전술 훈련에 잘 따랐다. 두 번째는 사무라이들을 이길 수 있는 진법을 찾아냈다. 그가 새로 구사한 진법은 '원앙진'이라고 이름 붙여졌다. 수컷이 죽으면 암컷도 따라 죽는다는 원앙에서 따왔는데, 전투 부대에 붙여지는 이름 치고는 좀 웃기다. 하지만 강력한 적을 이기기 위해서 따왔고 함께 살고 함께 죽는다는데 이름이 이상하면 어떤가? 기존 보병 집단 대형은 오와 열을 맞추어 움직이는 중대 규모였다. 하지만 척계광이 구상한 원앙 팀은 12명으로 구성된 분대였다. 대장 한 명과 취사병, 그리고 전투원 10명인 분대는 개인적으로 움직이는 왜구들을 막기에 최적이었다.

여기에 원앙진에서 적절하게 사용할 수 있는 무기 개발이 뒤따랐다. 이때 탄생한 무기가 당파와 낭선이다. 당파는 우리가 사극에서 자주 보아 익숙한 삼지창이고 낭선은 대나무에 칼을 매단 이상한 무기였다. 또 방패는 기존까지 사용하던 강철 방패를 버리고 등나무로 만든 것을 사용했다. 방진의 이름도 그렇고 무기도 삼지창에 대나무로 만든 창, 등나무로 만든 방패도 촌스럽다. 여기에 광산이나 농촌 출신 위주의 병사까지.

병사 개개인의 전투력으로는 사무라이들의 적수가 되지 못했지만 한 팀의 일원이 되어 싸울 때에는 강력한 힘을 발휘했다. 왜구들은 공격과 방어를 개인이 모두 감당하지만 원앙진 멤버들은 각자 역할을 가지고 한 몸처럼 움직였다. 적을 만나면 앞 선에 있는 등나무 방패병이 저지한 후 낭선병이 일본도의 움직임을 둔화시켰다. 그런 다음 긴 창을 든 병사와 당파병이 적을 살해하는 역할을 맡았다. 만약 적에게 패하거나 도망친 병사가 있으면 용서받을 수 없었고 만약 분대장이 사망했다면 분대원 전원을 처형하기도 했다.

척계광 이전 명나라군은 왜구에 비해 숫자가 많았지만 지휘 체계는 엉망이었고 진법은 폼 나지만 구식이었다. 이에 척계광은 기존 방식으로는 왜구들을 물리칠 수 없다는 것을 깨달았고 새로운 무기와 진법을 구상하기에 이른다. 또 병사들에게 끊임없이 창의적 행동을 요구했고 부하 장수들에게는 병사들을 치열하게 교육하도록 명을 내렸다. 이러한 결과 척계광의 명나라군은 절강성 지역을 괴롭히던 왜구와 싸워 5년간 80여 차례의 전투에서 모두 승리를 거두었다.

척계광의 원앙진법은 왜구를 물리치는 데 주효했지만 이후 중국에서 계승되지 못했다. 그런데 사극을 보다 보면 조선의 병사가 든 삼지창이 눈에 들어온다. 조선에서는 이 병기가 임진왜란 이후에 등장했는데 원앙진에서 사용되던 병기다. 이것이 어떻게 된 일일까? 임진왜란 때 척계광이 쓴 〈기효신서〉가 조선에 들어왔는데 이여송 휘하의 낙상지라는 장수 덕분이었다. 그는 유성룡에게 권해 명군이 돌아가기 전에 조선군에게 군사 조련법을 전수해 주겠다고 했다. 이에 유성룡이 서둘러 장교와 군사를 모집해 명군 10명을 교관으로 삼아 밤낮으로 원앙인 구성법과 창, 검, 낭선 사용법을 익혔다. 이후 척계광의 〈기효신서〉는 훈련도감 등 5군영과 지방군인 속오군의 창설, 새로운 병종인 삼수병, 즉 포수, 살수, 사수의 편성, 그리고 새로운 무예와 성곽 제도 등 조선 후기 군사 부분의 변화에 큰 영향을 끼쳤다.

해결책을 얻지 못해 난관에 부딪힐 때 다른 곳에서 쓰던 방식을 도입하는 경우가 있다. 해군이 쓰던 것을 육군이 채용한다든지 태권도의 기술을 격투기에 활용한다든지 하는 것 말이다. 새로운 자동차 공장을 운영해야 하는 경우 기존 경험이 있는 조립공을 채용하다 보면 기존 관행에 젖어 있는 경우가 많다. 따라서 자동차가 아닌 다른 산업에서 근무했던 생산직을 채용해 처음부터 교육을 해서 운용하는 경우도 있다. 익숙함이란 편한 것이지만 타성에 젖지 않은 새로움이란 상대적으로 강력한 무기가 될 수 있어서다.

위치

부실한 리더십은
금방 탄로난다

토목보의 변
서기 1449년

그 황제 필요 없으니 마음대로 처분해도 상관없소.

-명나라 조정, 에센이 영종의 몸값을 요구하자

　조직에서 리더의 중요성은 예나 지금이나 다르지 않다. 무능한 황제와 개인의 욕심 차리기에 급급한 측근들이 나라의 주축 세력일 때 어떻게 망가지는지 알려 주는 전형적 사례가 있다. 명나라 6대 황제 영종이 1449년에 몽골족 오이라트에게 사로잡힌 사건이다. 더 황당한 건 높은 몸값을 달라는 오이라트의 요구를 무시한 명 조정의 통보였다. 아무리 몽골이 강력하다고 해도 사로잡힌 황제를 버린 조정 대신들의 행태가 눈에 띈다. 몽골에게 얼마나 허망하게 당했는지 알려

주는 치욕스러운 역사의 한 페이지다.

1440년경, 영락제는 몽골인을 북방으로 쫓아낸 뒤 마시(馬市)라는 교역을 관례화했다. 명은 몽골로부터 말과 가축, 동물 가죽 등을 수입하고 의류와 식량을 수출했다. 당시에는 주변 국가들과 정기적으로 황제를 알현하는 일종의 조공 무역 형태가 가장 많았다. 조공 무역은 처음부터 명의 적자로 시작했다. 문명이 앞선 명이 지역에 물품을 제공해 주는 대신 형식적 책봉을 하는 관계였던 것이다. 조선에서도 조공과 책봉 관계를 맺는 대신 명으로부터 앞선 문물을 들여왔다.

몽골과는 처음에는 50명 정도였던 사절단 규모가 오이라트 족장 에센 때에 이르면 3,000명까지 늘어났다. 이것은 점차 감당하기 어려운 문제로 발전했다. 무역을 적자 상태로 유지하기에는 국력 소모가 심각했다. 여기에 몽골뿐만 아니라 위구르 상인들까지 가세해 무역량이 늘어났고 때로는 밀무역도 성행했다. 문제의 심각성을 깨달은 정부는 오이라트와의 무역을 제한했고, 1448년 사례감 왕진은 실제 인원에 대한 조공 무역만 허용했으며 말 값도 오이라트가 제시한 가격의 20퍼센트만 지급했다.

미련 없이
황제를 버린 명

이렇게 되면 북방인에게는 전쟁밖에 선택지가 없다. 생필품을 구하지 못하면 생존에 위협을 느낄 수밖에 없으니 말이다. 결국 오이라트는 전 부족민이 연합해 변경 대동 지방을 침략했다. 이에 정권을 쥐고 있던 환관 왕진은 황제 영종에게 친정을 권했다. 그래야 천자의 권위가 선다나? 결국 전쟁이 무엇인지 몰랐던 영종과 숫자만 많았지 허약한 명군은 대동 지방까지 진출했다. 초원 지역에서 보병이 얼마나 무력한지는 앞서 수차례 이야기한 바다.

대동에서 패한 명군과 영종은 토목보(土木堡)에서 포위되었다. 1,700년 전 한 고조 유방이 이곳에서 당했던 일을 반복한 셈이다. 건조 지대에서 보병 군단이 유목 기병에게 일주일 정도 포위되어 있으면 그 결과는 뻔하다. 전쟁을 지휘했던 환관 왕진은 황제의 근위병에게 살해되었고 영종은 오이라트에 사로잡혔다. 1449년 발생한 이 사건은 '토목보의 변'이라는 이름으로 역사에 남았다.

진짜 황당한 사건은 뒤에 발생했다. 몸값을 요구하는 오이라트에게 비용을 지불하는 대신 새 황제 대종 경태제를 세우고 영종을 상황으로 정한 것이다. 말은 상황이지만 황제의 몸값을 지불하지 않겠다는 표현이었다. 오이라트 입장에서는 황당한 일이었다. 몸값을 받으려고 황제를 사로잡았건만 그놈 우리한테 쓸모없으니 맘대로 하라고 했으니 말이다. 화가 난 에센은 고원을 내려와 하북 지방을 약탈하고 북경을 포위했다. 하지만 높은 성을 의지한 명은 저항했고 끝내 에센은 퇴각하고 1450년 영종은 조건 없이 송환되었다. 오이라트 입장에서는 약탈의 목적을 충분히 달성했기 때문이기도 했을 것이다.

결국 이 사건 이후 조정에서는 남경천도설이 대두되는데 북경이 지리적으로 볼 때 자연적 방어물도 없고 방어에 유리한 위치가 아니라는 결론이 나왔기 때문이다. 하지만 병부시랑 우겸이 "남쪽으로 도망하여 멸망한 남송의 예를 못 보았느냐! 북경은 천리이므로 사수하여야 한다"라고 강력히 주장하여 조정을 안정시켰다. 대신 명나라는 이때부터 국력을 모아 장성을 대대적으로 축조했다. 북방에 위치해 방어에 불리하던 북경을 보호하는 오늘날 보는 벽돌식 장성은 이때 만들어지게 된 것이다.

명과 오이라트의 전쟁은 전술적 조건과 지리적 조건이 전투에 얼마나 큰 영향을 주는지를 알려 주는 대표 사례다. 초원과 건조 지대인 대동에서는 명군이 오이라트에게 패해 나라가 멸망할 뻔했다. 하지만 북경성을 포위한 오이라트는 성의 견고함과 명군이 쏘는 화약기에 당할 수밖에 없었다. 무엇보다 중요한 교훈은 경험이 부족한 리더가 이끄는 부실한 조직, 측근에 의존하는 정치가 얼마나 큰 위기를 초래한다는 것이다.

적이 알아서
지치게 하라

살수 대첩
서기 612년

그대는 귀신같은 꾀를 가져 천문을 구명하고 신묘한 셈은 지리에 통달했
소. 그대가 이룬 전승의 공은 이미 높으니 만족함을 알았으면 그치는 것이
어떠하오.

-을지문덕, 적장 우중문에게 보낸 〈여수장우중문시(與隋將于仲文詩)〉

국사를 배우다 보면 가장 흥미진진한 장면이 있다. 고구려 을지문
덕 장군이 우중문과 우문술이 이끄는 수나라 별동대 30만 명을 살수
에서 몰살하는 사건이다. 이 장면은 서기 611년 이른 봄, 수 양제가 전
국에 조서를 내려 고구려를 토벌키로 했다는 이야기부터 시작한다.
수나라는 이미 문제 시절 30만 대군을 보내 고구려를 공격한 적이 있다. 전쟁의 이유는 고구려가 요서 지방에 침략해 큰 피해를 준 까닭이었다. 한두 번 사소한 공격을 했다고 그렇게 거대한 군사를 모아 출정하지는 않았을 테고, 아마도 고구려는 수나라의 국경을 수시로 넘어 괴롭히지 않았을까?

어쨌든 수문제의 첫 공격은 날랜 고구려 군사를 만나 제대로 대응하지 못했고, 장맛비를 만나 양식 수송도 제대로 이루어지지 못했다. 어떻게 패했는지 기록이 자세하지 않아 제대로 알 수 없지만 가을이 되어 수나라가 군사를 물릴 시점에는 죽은 자가 이미 8, 9할이 되었다고 한다. 시간이 흘러 양제가 황제 자리에 올라 보니 고구려는 여전히 수나라의 위협 세력이었고 그대로 둘 경우 피해가 극심할 가능성이 있었다.

그래서 양제는 전국에 고구려 정벌을 명하고 탁군에 병사들을 집결하도록 했다. 이렇게 모인 113만 4,000여 명 수나라군은 요하를 건너 고구려 공격을 시작했다. 요하를 건너는 과정에서 고구려 군사와 접전을 벌여 많은 병사가 사망했으나 수적 우세를 발판으로 요동성을 포위하기에 이른다. 요동성 군사들은 굳게 싸웠으나 지키지 못하고 함락되었다. 하지만 나머지 성들은 맞서지 않고 성안에서 농성함으로써 수나라군의 발을 묶어 놓았다. 그러자 수양제는 우문술, 우중문 등의 장수로 하여금 30만 5,000명의 군사를 이끌고 고구려를 공격하도록 명했다. 이때 군사들은 사람마다 100일 치 양식을 지급받았다. 이것이 너무 무거워 행군하는 도중 많은 병사가 양식을 땅에 묻기까지

했다고 한다. 수양제에게는 처음부터 장기적 보급 계획이 없었던 것이다.

쳐들어온 적을 돌아가게 한
을지문덕의 방법

적이 숫자는 많지만 식량 보급이라는 약점이 있다는 것을 간파한 을지문덕 장군은 후퇴하면서 청야 전술을 폈다. 적군이 지나갈 길목에 있는 백성들을 산 위에 있는 요새로 옮기고 가축이나 식량을 감추었으며, 우물을 메워 적이 사용하지 못하게 했다. 농가와 마초들을 불태워서 아무것도 남지 않게 했다. 또 멀리서 간간히 가벼운 공격을 할 뿐 대적해 싸우지 않았다. 그렇게 수나라군이 고구려에 깊숙이 쳐들어왔을 즈음이 되자 수군은 식량이 떨어져 곤란한 지경이 되었다.

이렇게 전개된 상황을 간파한 을지문덕은 우문술에게 사자를 보내 영양왕이 황제에게 항복할 것이라는 거짓 정보를 흘렸다. 식량이 떨어져 미래가 불투명한 적장을 추켜세워 주고 그들의 마음을 흔든 것이다. 결국 우문술은 우중문을 설득하여 요동으로 퇴각할 것을 지시하게 된다.

철수하는 수군이 살수에 도착하여 강을 반쯤 건널 무렵 고구려 군사가 뒤로부터 수군을 공격하니 모든 군사가 무너져 걷잡을 수 없게 되었다. 이 싸움으로 살아 돌아간 수나라 병사는 2,700여 명에 불과했다. 결국 을지문덕의 청야 전술이 탁월한 승리를 거두었고 수양제의 고구려 정벌도 끝을 맺었다. 그런데 수나라는 고구려를 공격하려는 시도를 멈추지 않았는데 아마도 후퇴하면서 고구려에게 큰 피해를 입어 그 원한이 골수에 맺혔기 때문인 듯하다.

청야 전술은 주변에 적이 사용할 만한 모든 식량, 마초와 우물 등을 없애 적군을 혼란스럽게 만드는 전술이다. 과거에는 병참을 따로 준비하지 않고 현지 조달 계획을 세워 전쟁하는 경우가 많았다. 페르시아를 정벌한 알렉산드로스도 그랬고 알프스를 넘은 한니발도 그랬다. 《손자병법》의 〈작전〉 편에도 식량 현지 조달에 대한 이야기가 나오는데 적에게서 빼앗은 식량이 아군 식량의 20배의 값어치를 한다고 말한다. 이렇게 현지 조달 방식으로 침공하는 적을 막아 낼 가장 좋은 방도가 청야 전술이다.

유목민은 청야 전술을 가장 잘 쓰는 이들이었다. 그들의 영토 내로 침공하는 적을 물리치는 가장 좋은 방법은 대적해 싸울 필요 없이 스스로 지치게 만드는 것이다. 중원의 제국들은 유목민의 청야 전술에 취약했다. 고조 유방이 그랬고 조조도 오환 정벌에서 크게 당했다. 을지문덕은 이러한 중원 제국의 취약점을 잘 알고 있었기에 적을 자국 내로 끌어들이면서 청야 전술을 적극 사용해 승리를 거둘 수 있었다.

북한산 정상을 오르기 위해서는 작은 고갯길을 몇 개 넘어야 한다. 숨도 가쁘고 허벅지의 고통을 참아 내야 한다. 하지만 어쩌랴! 적절한 대가를 치르지 않고 정상에 오를 수는 없다. 작은 희생이나 고통을 겪지 않으면서 승리를 거두기는 현실적으로 어렵다. 치열하게 경쟁하는 시장에서 상대를 물리치기 위해서는 치밀하게 준비하고 작은 희생을 바탕으로 이길 수 있는 방도를 생각해 내야 한다. 적이 나의 땅으로 쳐들어왔는데 작은 희생으로 고통을 감내하고 외적을 물리칠 수 있다면 얼마든지 해 볼 수 있지 않겠는가?

전략적 위치를
먼저 차지하라

명량 해전
서기 1597년

지금 신에게는 아직 열두 척의 배가 있사오니 죽을힘을 내어 맞자 싸우면 이길 수 있습니다. 미천한 신이 아직 죽지 아니하였으니 왜적들이 감히 우리를 업신여기지 못할 것입니다.

-이순신

영화 〈명량〉에선 홀로 일본군 배와 싸우던 이순신의 활약상을 볼 수 있다. 그가 선조에 의해 한양으로 압송된 후 원균을 대장으로 하던 조선 수군은 칠천량 전투에서 대패했다. 때문에 거의 대부분 함선이 파괴된 가운데 경상 우수사 배설이 이끌고 도망친 열두 척만 남아 있었다. 부서진 한 척을 수리하여 총 13척으로 300여 척에 이르는 일본군을 맞이해야 했던 이순신으로서는 정면 승부는 답이 될 수 없었다. 반드시 이기든지 최소한 일본군이 서해를 거쳐 북상하지 못하도록 막아야 하는 상황이었다.

그러기 위해서는 전략적 위치를 선점하여 지형지물에 의존하여 싸움을 치르는 게 답이 될 수밖에 없었다. 결국 이순신은 남해에서 서해로 올라가는 길목에 위치한 명량, 즉 진도 앞바다 울둘목을 싸움터로 정하게 된다. 해남 반도에 있었던 우수영에서 진도를 바라보는 좁은 해협인 울둘목의 물살 속도는 국내에서 가장 빠르다고 한다. 소용돌이치면서 내는 소리가 20리 밖에서도 들린다 하여 울둘목이라 하며 소리 명(鳴), 들보 량(梁)의 명량이라는 명칭으로도 불린다. 조수 간만 차가 큰 서해에서는 한 달에 두 번 음력 보름과 그믐(음력 말일) 때 가장 빠른 유속을 만날 수 있다. 또 하루 두 번의 밀물과 썰물이 있는데 4시간 간격으로 밀물과 썰물의 흐름이 바뀐다.

남해와 서해 경계 지역인 이곳엔 한국 최초 조류 발전소가 설치되어 있다. 이곳 물살이 얼마나 빠른지 이를 공사할 때 여러 번 실수를 했다고 한다. 이 수역의 가장 좁은 지점에서 가장 빠른 유속을 보일 때는 11.6노트(21.5km/h)까지 나타났다. 임진왜란 당시 조선 수군 전선이 노를 저어 3노트를 낼 수 있었다는 것을 감안하면 4배 가까이 되는 유속인 셈이다. 특히 명량해전이 있었던 1597년 음력 9월 16일은 강한 사리 때였다. 그래서 오전 9시경에 9.7노트로 북서 방향 흐름이 있었고(밀물) 대략 4시간이 지나 동남류(썰물)로 바뀐 후 오후 3시쯤

8.4노트의 최강류가 흘렀다.

필사즉생 필생즉사
이순신

이런 해류가 있다는 것을 지역 주민들에게서 듣고 알게 된 이순신
은 시급히 수군을 재건해 이 지역에서 결전을 벌이려고 계획했다. 당
시 일본군은 333척의 함대를 구성해 군인과 보급품을 가득 싣고 남해
를 지나 서해로 가려고 했다. 조선 수군은 이미 궤멸되어 있었기에 특
별한 대비책을 강구하지 않고 이동하는 셈이었다. 일본군은 남해에서
서쪽 방향으로 흐르는 순조류를 타고 순항했다. 오전 시간에 순조류
를 타고 울돌목에 도착한 일본군과 흐름에 역류하는 배를 유지시키며
지키고 있던 이순신 대장선은 서로를 발견하자마자 곧 치열한 함포
사격과 불화살, 조총탄을 날렸다.

조선 수군 함포의 전면에 있던 일본군 함선이 부서지고 조류에 배
끼리 서로 부딪치긴 했지만 일본군의 배는 수적인 우세로 밀어붙였
다. 일본군이 무서워 가까이 다가서지 못하는 부하들을 꾸짖으며 전
세를 독려하는 이순신의 용맹함이 빛을 발했다. 시간이 지난 후 조류
방향이 동쪽으로 바뀌자 일본 수군에 큰 혼란이 일어나기 시작했다.
앞 선에 있던 함선이 방향을 돌리지 못하고 우왕좌왕하자 전체적인
대열이 흐트러졌고 효과적인 공격이 어려워졌다.

이 상황을 지켜본 이순신은 전 함대에 총 공격을 알렸다. 곧 판옥선에 배치된 현자총통과 지자총통에서 일제히 사격이 시작되었고 병사들은 불화살을 적 함대에 날렸다. 이 싸움의 결과는 우리가 다 아는 것처럼 겨우 13척의 배로 133척을 깨뜨리는 역사상 위대한 승리로 기록되었다. 결국 전략적 위치를 선점하고 자연의 특성을 잘 활용한 지략의 승리였다.

명량 해전의 전투 중반까지 이순신 대장선 혼자 싸웠다. 왜선이 몰려오는 것을 보면서도 다른 12척은 보고만 있었다는 이야기다. 명량 수로는 우리의 예상보다 넓은 바다다. 그 폭이 484미터로 절대 판옥선 한 척으로 틀어막을 정도로 좁지 않다. 물론 당시에 암초 등의 이유로 더 좁았을 가능성은 있으나 300미터 정도만 되어도 판옥선은 물론 일본 수군의 안택선 여러 척도 무리 없이 드나들 수 있다. 더구나 해류가 역류인 상태여서 물살에 떠내려가지 않도록 지탱한 상태에서 이순신은 홀로 서서 차례로 오는 일본군 배 20척을 박살 냈다.

오후가 되어 물길이 바뀌자 나머지 12척이 대장선의 싸움에 합류했고 적함 31척을 부수었다. 전세가 승리 쪽으로 기울자 모든 배가 달려들어 일본군과 싸운 것이다. 이건 눈앞에 부서진 전선만 기록한 것이고 실제로는 일본군의 피해가 더 컸다고 한다. 전 세계 해전 역사상 이처럼 절대 이길 수 없는 악조건을 가지고 기적처럼 승리한 경우는 없다. 그저 성웅 이순신이었기에 가능했다고 말할 수밖에 없다.

변화의 흐름에
주목하라

중가르 전쟁
멸망 서기 1757년

그들은 일반적인 소도둑이 아니다. 그들을 잡아서 처형해야 한다. 지도자
와 추종자를 구별할 필요가 없다. 그들 부족에는 수많은 도적이 있다. 지
금 완전하게 없애지 않으면, 도움이 되지 않는다.

-건륭제, 중가르인에 대한 명령

역사가들에 의해 '마지막 몽골 제국'이라 불리는 나라를 세운 이들이
중가르(서기 1634~1760)다. 몽골어계 종족인 오이라트계 유목 민족이
었으며 몽골 제국(서기 1189~1635) 이후 북방의 대초원(몽골 초원)을
통합한 뒤 마지막까지 존속하다 청에 의해 복속되어 멸망했다. 청군
의 토벌 작전과 후속 조치에 의해 중가르인의 80퍼센트가 학살되거나

질병, 기아 등으로 사라졌다. 학자들은 죽은 숫자가 50만에서 80만 명에 이른다고 추정하는데 거의 멸족 수준이었다. 중가르란 말은 몽골어로 '왼쪽'을 뜻한다. 그들의 중심 지역은 오늘날 중국의 신장 위구르 자치구의 북쪽 알타이 산맥과 천산 산맥 사이에 있는 해발 500미터에서 1,000미터의 초원이었다.

만주족이 세운 청나라는 1635년 몽골을 공격해 항복받은 다음 북방 일대를 평정했고 대칸의 명령을 낭독하는 과정을 거쳐 형식적이었지만 몽골의 정통성을 계승한 나라임을 인정받았다. 그런데 일부 몽골인들이 서쪽으로 이동해 이리 지방을 근거지로 하는 왕국을 건설한 뒤 몽골은 물론이고 신강과 시베리아 일대까지 차지하는 거대 제국을 일구었다. 중가르 지역은 다양한 인종과 민족이 섞여 다채로운 종교와 문화가 탄생하고 상업과 교역이 활발하게 지나는 실크로드의 교차로였다.

마지막 몽골 제국의
최후

동북아시아의 패권자를 표방한 청은 몽골의 후신을 자처하며 번영하는 중가르를 두고만 볼 수 없어 8기군을 비롯한 막강한 부대를 보내 제압을 시도했다. 하지만 당시 중가르에는 갈단 칸이라는 뛰어난 리더가 있어서 청나라 원정군을 잘 막아 냈다. 강희제는 치밀한 준비 끝에 직접 4번이나 친정에 나서 공격을 가했고 알타이 산중에 고립된 갈단이 자결하면서 청과의 첫 대결은 끝을 맺었다.

하지만 유목 민족 중가르가 당하기만 한 것은 아니다. 강희제 말기 티베트 내정에 개입해 달라이 라마 6세를 내쫓고 친중가르 승려를 달라이 라마로 세우기도 했고, 옹정제 때는 청나라 변방의 목마장을 습격해 말을 대량으로 가져가고 청의 영토인 투르판을 공격하기도 했다. 이에 청제국은 1729년과 1731년 두 차례 대병을 파견했지만 중가르의 속임수에 패하거나 제대로 성과를 거두지 못하고 철군했다.

1755년 건륭제는 이전과는 다른 철저한 준비 끝에 본격적인 원정에 나섰다. 황제가 직접 2만 5,000의 군대를 두 군단으로 나누어 중가르를 공격했다. 이때 청에는 유목 기병을 제압할 강력한 무기가 있었는데 바로 대포였다. 이전까지 유목 기병은 초원 지역에서 강력한 무력을 행사했다. 빠르고 강인한 몽골 말은 건초의 보급 없이도 강인한 병사와 함께 전쟁을 치를 수 있었다. 하지만 신식 무기 대포 앞에서는 빠른 기마술도 활을 쏘고 빠지는 특유의 전술도 소용이 없었다.

결국 압도적인 청의 무력에 밀려날 수밖에 없었고 여기에 내분이 겹친 중가르는 청에 복속되었다. 그 후로도 중가르인은 종종 청군을 공격했다. 하지만 대대적인 소탕 과정에서 청군에 의해 천연두가 들어와 오이라트의 인구가 격감했고, 특히 중가르인은 거의 전멸하고 말았다. 이전까지 중가르의 인구는 대략 60만 명 수준이었는데 40퍼센트는 천연두로 죽었고 20퍼센트는 러시아와 카자흐로 달아났으며

30퍼센트는 청군에 살해되었다. 이로써 중가르는 종족 전체가 소멸 수준에 이르렀다. 이 자리에 청은 자신들에게 복속한 한족, 위구르족 그리고 회족을 대거 이주시켰다. 청이 침략하기 이전에 신장 지역은 중가르인이 다수였지만 이후 위구르인이 번영하게 되었다.

등자가 생겨난 이후 유목 기병은 유라시아 최강의 군대였다. 강인하고 빠른 말을 타고 화살을 쏘며 공격하는 기병대를 그 어떤 군대도 막아 내기 어려웠다. 몽골고원에서 출발한 몽골인이 중앙아시아를 지나 유럽까지 석권할 수 있었던 것도 이런 기병대의 역할이 절대적이었다. 하지만 근대로 넘어오면서 화약 무기가 발전해 전쟁 양상이 바뀌기 시작했다. 강력한 돌 포탄을 날리는 대포는 용맹하게 돌진하던 전투마를 당황하게 만들었다. 결국 중가르 평원을 주름잡던 유목기병은 총포의 등장에 그 강력함이 사라질 수밖에 없었다.

시대 변화란 이렇게 한 민족을 사라지게 만들기까지 한다. 이른 봄 개울의 얼음은 겉모양이 변함이 없더라도 그 속에는 물이 흐르기 시작한다. 어제와 오늘이 같은 것 같지만 작은 변화는 언제나 있고 그것이 큰 흐름이 될 수 있다. 그 변화를 주목하고 대체할 방법들을 고민해야 하는 이유다.

먼저
깃발을 꽂아라

청일 전쟁
서기 1894~1895년

1894년 7월, 일본군이 서울을 점령했다. 외국인들은 자국의 공관으로, 조
선인들은 시골로 피란을 떠났다. 부모가 버렸거나 인파 속에 부모를 잃어
버린 어린애들이 숱하게 보였다.

-릴리어스 언더우드,《상투 튼 사람들과 함께한 15년》

　1894년 8월 17일 일본군은 평양에 주둔하고 있던 1만 5,000명의 청
군에 대한 전면적인 공격을 개시했다. 당시 청군 병력이 일본군보다
3,000명이 더 많고 막강한 화력을 갖추고 있었지만 일본군이 벌인 입
체 공격을 막아 내지 못했다. 일본군은 오전 8시경 모란봉을 점령했
고 청군은 오후 4시 40분경 을밀대에서 백기를 올렸다.

300년 전 임진왜란 때 이곳에서 벌어진 명과 일본 간에 벌어진 전투에서는 명이 승리해 일본군을 남쪽으로 몰아냈다. 그런데 이번엔 전세가 역전됐다. 이 전쟁으로 인해 조선의 명운이 기울기 시작했고 청국도 동아시아에서의 패권을 잃었다. 반대로 일본은 향후 50년간 서태평양을 그들의 패권 지역으로 삼을 수 있는 번영이 시작되었다.

이 전쟁의 불씨는 10년 전부터 싹트고 있었다. 그것은 1884년에 일어난 갑신정변으로부터였다. 청으로부터의 독립과 조선의 개화를 목표로 김옥균 등 개화파가 일으킨 사건이다. 여기서 중요한 건 청의 군사 개입과 이로 인한 청과 일본의 소규모 충돌 후 맺어진 톈진 조약이었다. 이는 추후 어느 한 나라가 조선에 군대를 파견할 때 상대방에게 통보하도록 규정한 것이다.

그로부터 10년이 지난 1894년 1월 10일 전라도 고부에서 민란이 일어났다. 정부는 임오군란 때처럼 청에 군대를 보내 줄 것을 요청했고 청은 이를 받아들여 섭지초와 섭사성 휘하의 2,500명의 군대가 아산만에 상륙했다. 또한 청은 톈진 조약에 따라 파병 사실을 일본에 통보했다. 그때까지 더 큰 파국이 일어날 것을 청은 알지 못했다.

―

세계 정세까지 바꾼
일본의 노림수

조선에 개입할 기회를 노리던 일본은 기다렸다는 듯이 7,000명의 병력을 월미도에 상륙시켜 인천 서울 간의 요충지를 장악했다. 일본군은 그해 6월 21일 서울에 진입해 경복궁을 점령하고 조선에 친일 정부를 수립했다. 청이 서울에서 먼 아산만에 상륙한 데 비해 일본은 인천에 상륙한 것만 봐도 일본이 어떤 노림수를 가지고 있었나를 알 수 있다. 이제 두 나라 군대의 충돌은 필연이었다. 이틀 뒤인 6월 23일 아산만에 있는 풍도 앞바다에서 청군과 일본군 간에 해전이 벌어졌다. 일본군이 증원 병력을 싣고 오던 청의 수송 선단을 습격한 것이다. 6월 27일에는 성환 전투에서 청의 육군이 일본군에 패했다. 이렇게 서전의 전투에서 승리를 거둔 일본은 공식적인 선전포고를 했다.

물론 그냥 당하고만 있을 청은 아니었기에 육로를 통해 대규모 군대를 평양에 집결시켰다. 그러자 일본군이 북상해 그해 8월 평양에서 전투가 벌어졌다. 또한 압록강 어귀에 있는 해양도 앞바다에서 청이 자랑하던 북양 함대와 일본의 연합 함대 사이에 해전이 있었다. 여기서도 일본 해군의 우위로 청의 주력함이 침몰했다. 이로써 일본은 육지전과 해전 모두 승리를 거두었고 이후 전장은 청의 영토로 넘어가게 된다. 평양 전투를 치른 일본의 제1군은 압록강을 건너 남만주로 진격했고, 증파된 제2군은 요동반도에 상륙했다. 제1군은 남만주의 금주성을 점령했으며 제2군은 요동반도 끝에 있는 여순 요새를 점령했다. 최종적으로 일본군은 이듬해 1월 산동반도에 위치한 위해위까지 쳐들어가 북양 함대의 항복을 받기에 이른다.

전쟁에서 패한 청은 시모노세키 조약을 통해 혹독한 대가를 치러야 했다. 2억 냥에 이르는 전쟁 배상금을 일본에 지불해야 했고 대만, 요 동반도, 팽호 열도 등을 떼 주어야 했다. 또한 조선에서 종주권을 완전히 상실하고 축출되었으며 자국 영토까지 열강에 의해 분할되는 등 제국의 최종적 붕괴를 겪어야만 했다.

승리한 일본이 얻게 된 이익은 훨씬 컸다. 메이지 유신 이후 근대화에 성공했다는 징후이자 서구 열강과 동급이 될 수 있는 계기가 되었다. 또한 청에게서 받은 2억 3,000만 냥의 전쟁 배상금은 일본 1년 예산의 4배가 넘었기에 전쟁에서의 '승리가 곧 돈'이라는 사고방식도 정립되었다. 자연스럽게 이 돈으로 군비 확장 10개년 계획을 추진하면서 군사 강국으로 도약할 수 원동력이 되었고 자본주의적 경제 발전을 이룩할 수 있는 기초 자금이 되었다.

일본군이 청군을 압도할 수 있었던 이유는 무엇일까? 일본군도 당시에는 병사들의 신발이 짚신일 정도로 개화된 군대가 아니었다. 어쩌면 여전히 청군이 일본군에 비해 강력한 무장을 갖춘 군대였을 수도 있다. 그런데도 전쟁의 결과가 일본으로 기운 것은 일본군의 선전보다는 청군의 졸전 때문이었다는 평가가 지배적이다. 청의 지도자 이홍장은 자신의 지지 기반을 잃을까 우려해 일본군과의 전쟁에 소극적이었다. 지휘관들은 전투를 벌이다 퇴각하기 일쑤였고 해군도 배가 손상될까 봐 대양에서 싸우지 않으려 했다. 북양 함대 건조 비용을 서태후의 환갑잔치를 위한 이화원 축조에 쓴 것도 그렇고 청군의 부패로 인해 병사들의 훈련도와 사기가 낮았던 것은 말할 것도 없다.

　20세기 초반 일본이 동아시아 유일의 선진국으로 도약할 수 있었던 주 요인은 개혁 주도 세력이 일찍부터 세계 정세를 읽었기 때문이다. 그들은 막부 개혁을 주도해 메이지 유신을 일으켰다. 서양을 배우기 위해 유학생을 유럽에 보냈고 서양의 문물을 적극적으로 도입했다. 결국 이러한 개혁들이 늙어 가는 강대국 청나라를 이겼고 조선을 식민지로 삼을 수 있는 원동력이 되었다. 과연 오늘날 우리는 세계 정세에 제대로 된 눈을 가지고 있는지 돌아봐야 한다.

3장

전략을 실현하라

서양 중세 이후 전쟁 편

끝까지 가려면
지치지 않아야 한다

하틴 전투
서기 1187년

한번 흘린 피는 결코 멈추지 않는다. 관용과 애정으로 사람들의 신망을 얻어라.

-살라흐 앗 딘, 아들에게 한 충고

영화 〈킹덤 오브 헤븐〉에서 관대하고 자비로운 군주로 그려지는 살라딘. 그는 14세기에 쓰인 단테의 《신곡》에서 카이사르, 플라톤 등과 '림보'에 자리할 정도로 중세 유럽인에게 긍정적으로 비친 인물이다. 그에 의해 치러진 하틴 전투는 1187년 7월 4일 십자군 왕국과 아이유브 왕조의 결전으로 예루살렘 왕국의 병력 대부분이 궤멸되었다. 이후 예루살렘을 포함한 여러 십자군 도시와 요새가 점령되고,

잉글랜드의 사자왕 리처드가 참전한 제3차 십자군이 결성되는 계기가 되었다.

로마 교황 우르바노 2세의 호소로 시작된 십자군은 1099년 예루살렘을 어렵지 않게 점령했다. 당시 동부 지중해의 이슬람 세력은 지리멸렬한 데 반해 중세 기사 중심으로 구성된 십자군의 무력은 상당히 강력한 덕분이었다. 이후 이곳에는 예루살렘 왕국, 에데사 백국, 안티오키아 공국, 트리폴리 백국이 차례로 들어섰다. 프랑스 출신 십자군의 리더였던 고드프루아 드 부용은 예루살렘 왕국의 지도자가 되었다. 그가 내세운 정식 명칭은 성묘 수호자였다. 예수 그리스도가 십자가에서 희생된 장소에서 자신이 왕이 되어 같은 절차를 밟게 될까 두려워했기 때문이다. 1년 후 고드프루아가 죽고 그의 동생 보두앵이 뒤를 이으면서 공식적으로 예루살렘 국왕이란 칭호를 사용하게 된다.

한편 혼란한 셀주크 튀르크의 주요 거점 다마스쿠스에서는 살라흐 앗 딘 또는 살라딘이라 불리는 인물이 있었다. 쿠르드 가문에서 태어난 그는 다마스쿠스에서 외인부대 지휘관으로 성장했고 이름뿐인 칼리프 알 아디드가 죽자 1171년 9월 파티마 왕조 이집트에 대한 통치권을 행사했다. 그는 명목상 주인이었던 누르 앗 딘과 마찰을 피하면서 경제를 재건하고 군대를 양성했다. 1174년 누르 앗 딘이 사망하자 살라딘은 이집트의 술탄이 되었고 셀주크 튀르크로부터 독립을 선포했다. 이로써 시아파가 지배하던 이집트에 수니파 아이유브 왕조가 들어섰고 시리아와 이집트에 걸친 세력권을 만들게 되었다.

힘써 보지 못하고
전멸한 십자군

1187년 7월, 이제 두 세력의 대결은 불가피했다. 그 결전의 현장이 바로 하틴이다. 현재 이스라엘 갈릴리의 티베리아스 근처로 티베리아스와 아크레 중간에 '하틴의 뿔'로 불리는 두 개의 산 중간 지역이었다. 당시 예루살렘의 지도자는 기 드 뤼지냥이었다. 예루살렘 왕국의 어린 소년 왕 보두앵 5세가 일찍 죽자 왕의 어머니 시빌라가 공동으로 예루살렘의 왕위를 차지했던, 그녀의 남편이다. 예루살렘군은 갈릴리 남단의 세포리스에 진지를 구축했는데 보병 1만 5,000에 기병이 5,000명가량이었다. 이에 상대하는 살라딘군은 적게는 2만에서 많게는 4만에 기병이 1만 2,000기였다. 예루살렘군은 중무장한 보병과 기병이 강했지만 살라딘이 기병 전력에서는 수적 우위였다.

그러나 예루살렘군의 치명적 열세는 자연 지리적 특성에 대한 미흡한 대처였다. 당시는 7월이었고 사막 기후인 곳에서 한여름의 장거리 행군은 상당한 전력 손실을 초래했다. 예루살렘 군대는 기사, 보병 할 것 없이 큰 방패와 갑옷으로 중무장했으므로 살라딘군의 궁기병들이 공격했을 때 큰 피해를 입지는 않았다. 하지만 진격 속도가 늦어졌고 한낮의 사막에서 내리쬐는 강렬한 햇빛으로 체력이 급속도로 소진되었다. 예루살렘 군대는 필사적으로 진군해 작은 우물을 찾아 휴식하기도 했으나 거대한 군대가 먹기에는 매우 부족한 식수원이었다. 그들에게 유일한 희망은 풍부한 식수원인 갈릴리 호수였고, 그곳을 향해 필사적인 행군을 해야 했다. 그러나 그때 살라딘군의 중무장 기병들이 공격을 개시해 더 이상 전진하지 못하고 저녁 즈음 하틴의 뿔이라 불리는 언덕 근처에 진지를 차릴 수밖에 없었다.

진지를 사수하며 밤을 보낸 새벽녘, 예루살렘 병사들 앞에 살라딘군의 거대 포위망이 보였다. 이제 두 군대의 회전이 벌어지려는데 극심한 갈증과 행군으로 지친 예루살렘 병사들은 싸울 준비가 제대로 되어 있지 않았다. 예루살렘군의 기병이 살라딘의 기병에게 먼저 격파되었다. 그다음 수순은 모루와 망치 전략의 포위와 학살이 남았다. 그렇게 약 2만 명이 넘던 예루살렘 왕국의 군대가 전멸했는데 국왕 기드 뤼지냥과 르노, 성전기사단장 제라르를 비롯한 다수의 귀족과 지휘관이 사로잡혔다.

예루살렘의 지도자 중 한 사람인 레몽이 "지금까지 내가 본 이슬람 군대 중 살라딘이 이끄는 군대가 가장 강하고 숫자도 많소. 그러니 싸우면 안 됩니다"라고 하자 르노는 "지금 당신은 겁을 먹었소. 살라딘의 군대가 많다고 이기지 못할게 뭐요?"라고 조롱했다. 이 대화를 보면 자신감을 갖는 건 좋지만 상황 판단을 제대로 하는 것이 더 중요하다는 것을 알려 준다. 더구나 예루살렘군은 사막에서 식수 확보의 중요성을 간과했고 제대로 대처하지 못했기에 적과 싸우기도 전에 전의를 상실했다.

개인의 역량을
다하게 하라

모르가르텐 전투

서기 1315년

아들의 머리 위에 올려진 사과를 맞춘 빌헬름 텔의 품에서 화살 하나가 떨어졌다. 게슬러는 "그 화살은 어디에 쓰려던 것이냐?"라고 묻자 "당신의 꾀는 진작 눈치챘소. 만약 처음의 화살이 아들의 심장을 맞추었다면 당신의 심장에 쏘려 한 것이오"라고 대답했다. 빌헬름은 합스부르크로 압송되었고 이것이 스위스 독립운동의 시작이었다.

-프리드리히 실러(독일의 극작가)

14세기에 들어서자 1,000년 동안 맹위를 떨치던 중세 기병의 몰락을 의미하는 사건들이 벌어지기 시작했다. 마케도니아의 팔랑크스처럼 긴 창을 든 보병이 다시 등장했고 강력한 활을 지닌 궁수들이 기사들을 물리쳤다. 때로는 새로 발명된 대포의 지원을 받아 기병을 무찌름으로써 전술상의 대변화가 일어난 것이다.

이러한 흐름의 시작은 합스부르크에 맞서 싸우던 스위스 창병들로부터였다. 1315년 일어난 모르가르텐 전투였다. 기병 위주로 편성된 합스부르크군은 농민으로 구성된 스위스 창병들에게 무참하게 살해되었다. 스위스군 2,000명과 합스부르크군 5,000명이 맞붙은 소규모 전투였지만 과거와는 전혀 다른 양상으로 전투가 전개되었기에 의미 있는 사건으로 불린다.

합스부르크 기병을 무너뜨린
소규모의 스위스 창병

1315년 합스부르크의 군대는 알프스의 좁고 비탈진 산길을 행군하고 있었다. 이들은 본래의 명성대로 중무장한 기병과 다수의 보병으로 이루어져 있었다. 반면 이에 대항할 스위스의 병력은 남루한 복장을 한 창병 1,500명과 약간의 궁수가 전부였다.

10여 년 전 스위스의 우리, 슈비츠, 운터발텐(옵발텐+니트발텐) 3개 주 사람들은 동맹을 체결해 합스부르크에 항쟁을 시작했다. 이 지역은 오랫동안 합스부르크의 지배하에 있었는데 우리에게 잘 알려진 프리드리히 실러의 희곡《빌헬름 텔》의 설화 모티브가 만들어진 곳이다. 이후 전쟁은 2년 동안 지속되었다. 이 기간 합스부르크는 억압적이고 강압적인 통치를 지속했고, 이를 참다못한 스위스인이 군대를 결성한 것이다.

두 군대의 대결에서 결과는 뻔해 보였다. 합스부르크군이 사전 정찰을 통해 앞의 적에 대비하지 않는 치명적 실수를 하기 전까지는 말이다. 전위 기병들은 스위스군이 설치해 놓은 돌무더기를 발견했고 이를 치우기 위해 말에서 내리는 순간 매복된 스위스군이 돌과 통나무를 일제히 굴렸다. 그리고 앞서 나가 합스부르크 기병들과 대결을 벌였는데 과거 마케도니아처럼 전투 대형을 만들고 싸웠다. 특히 그들이 사용한 주 무기는 길이 2.4미터에 이르는 창이었다. 날카로운 못과 낫 및 갈고리를 단 미늘창이었다. 이 창은 적을 막고 찌르기만 한 게 아니라 찌르고 베고 끌어내리는 3중 기능을 가졌다.

당황한 합스부르크군 앞에 장창을 든 스위스 보병이 돌진했고 전위 부대는 그들의 미늘창에 처참하게 도륙되었다. 뒤따라오던 합스부르크군은 밀집 대형을 유지하며 전진하는 스위스군에 쩔쩔매기는 마찬가지였다. 스위스군은 험한 지형에 익숙했고 상황에 따라 밀집 대형을 고슴도치 형태로 바꾸는 임기응변 능력도 있었다.

이들이 뛰어난 창병이 실력을 발휘한 것은 마케도니아식 밀집 대형을 도입했을 뿐만 아니라 더 창의적인 방어와 공격 전술을 구사했기 때문이다. 정면보다 측면이 약한 것을 보완하기 위해 소규모 대형을 구성하고 상황에 따라 고슴도치 형태의 대형을 유지했다. 핼버드라 불리는 미늘창을 도입하고 무거운 창을 들고 험한 지형에서 싸울 수 있도록 힘든 훈련을 거쳤다. 이로써 강력한 방어력을 갖추었다.

스위스군은 어쩔 줄 몰라 허둥대는 기병을 향해 미늘창을 내리치고 갑옷과 투구를 절단한 다음 말 아래로 끌어내렸다. 스위스인은 본래 산악인이어서 팔 힘이 좋았고 높은 단결력을 지녀 아무리 어려운 지형에서도 자신의 역할을 다할 수 있었다.

오늘날 로마 바티칸 교황청을 지키는 사람들은 스위스 출신 군인들이다. 이곳에서는 다른 나라 군인들을 용병으로 써서 국가를 지키고 있는 셈이다. 많은 숫자가 근무하는 것은 아니지만 용병 제도가 사라진 현대에 와서도 의미 있는 행보를 하는 것이 흥미롭다.

스위스 군인들이 이런 용병으로 인정받은 것은 바로 모르가르텐 전투가 끝난 후 유럽인에게 각광받은 때부터였다. 스위스는 산악으로 이루어진 땅이기에 평야 지대가 거의 없고 목축 위주의 삶을 이어야 해서 경제적으로 어려웠다. 그들은 험준한 환경에서 자라 체력과 정신력이 강인했고 합스부르크 왕가 등 주변 세력으로부터 위협을 받아 전투에도 익숙했다. 따라서 뛰어난 전사들로 인정받은 이후 프랑스, 독일 그리고 이탈리아 영주들에게 용병으로 채용될 수 있었다. 특히 그들은 용병이 되는 것을 자랑스럽게 생각해서 계약 기간이 끝날 때까지 클라이언트에 절대적인 충성과 의리를 보였다. 용맹함과 충성심을 갖춘 그들은 국제 용병 시장에서 인기가 있었고 교황을 지킬 기회를 잡아 500여 년이 지난 지금까지도 그 역할을 한다.

중세 시대에 등자가 생긴 후 기병은 말 위에서 자유롭게 전투를 할 수 있었다. 긴 창을 들고 적진을 돌파할 수도 있고 강력한 화살을 날릴 수도 있었다. 더구나 중세 기병은 잘 발달된 철갑 옷을 착용해 오늘날 기갑 부대처럼 강력한 역량을 발휘할 수 있었다. 하지만 아무리 우수한 기병이라도 제대로 대형을 짜 놓고 훈련도 잘된 보병 방진에 정면으로 돌격하는 건 미친 짓이었다. 긴 창을 들고 대형을 갈 갖춘 보병 부대를 이기기 위해서는 또 다른 전술이 필요했던 것이다. 합스부르크 기병대를 이겨 내기 위해 스위스 보병들은 긴 창을 다루는 법을 익혔고 그들만의 대형을 만들어 냈다. 더구나 싸움터가 평지가 아닌 산악 지형이었다는 것이 승리의 요인이다. 개인은 약하지만 일치단결한 조직은 강할 수 있다. 더구나 외세에 맞서기 위해서라면 기꺼이 목숨을 내놓으려는 개인들이 나서야 한다.

한물간 방식을
고수하지 마라

크레시 전투

서기 1346년

저는 두렵지 않습니다. 이것을 위해 태어났기 때문입니다.

-잔 다르크

중세 유럽은 중무장한 기사들의 무대였다. 영주에 소속된 기사들은 강력한 전투력을 보유하기 위해 끊임없이 자신을 단련했다. 중세를 배경으로 한 영화에서 그들끼리 마상 창 시합을 하는 장면을 자주 볼 수 있다. 철제 갑옷을 입고 얼굴을 가리는 투구를 쓰고 긴 창을 들고 말을 달려 상대방을 찔러 떨어뜨리는 것 말이다. 여기서 살아남는 기사만이 영주의 고용을 유지할 수 있었다.

문제는 그들끼리 경쟁에서는 전투력이 강력하더라도 전혀 다른 방식을 갖춘 세력을 만나면 당해 낼 수 없다는 점이다. 같은 기병끼리의 전투였지만 몽골족에게 처참하게 당했던 사례가 이를 대변한다. 기사들을 보유하지 못했으면서 중세를 상징하는 기병 부대를 격파하는 방법을 터득한 것은 스위스인만이 아니다. 서유럽의 두 세력이었던 프랑스와 잉글랜드가 100년 가까이 세력을 다툰 백 년 전쟁(서기 1337~1453)에서 강력한 프랑스 기병을 격파하기 위해 노력을 기울인 잉글랜드인이 있었다.

백 년 전쟁은 프랑스 왕권을 계승하기 위한 분쟁에서 시작되었다. 카페 왕조의 샤를 4세는 아들을 남기지 못하고 죽었고, 귀족들은 그의 조카 필립 6세를 왕위에 앉혔다. 하지만 잉글랜드 왕 에드워드 3세가 프랑스 왕위를 주장하고 나섰는데 그의 모친이 샤를 4세의 누이였기 때문이다. 그리하여 외조카와 친조카 사이의 프랑스 왕권 경쟁으로 인해 전쟁이 시작되었다.

에드워드가 자신감을 가진 무기는 전쟁 50년 전에 개발된 장궁이었는데 물푸레나무로 만든 1.8미터 가량의 긴 활이었다. 프랑스군의 주무기였던 석궁과 비교하면 사거리 2배, 발사 속도는 3배에 이르고 무엇보다도 정확도가 높았다. 문제는 이를 제대로 쏘려면 꽤 오랜 시간의 훈련을 받은 병사가 있어야 한다는 점이었다. 에드워드는 6년이나 걸리는 훈련 기간을 견디는 병사들을 다수 양성해 냈다. 특히 병사들을 적절히 배치하고 지휘관의 명령에 잘 따를 수 있도록 조직력을 강화하는 데 중점을 두었다.

파악한 잉글랜드군과 착각한 프랑스군

침공할 준비가 되자 잉글랜드군은 노르망디 지방에 상륙하여 프랑스의 중심 지역을 향해 서두르지 않고 진군했다. 또한 그들이 타고 온 배를 잉글랜드로 돌려보내고 스스로 퇴로를 차단했다. 싸움에 패할 경우 전원이 돌아가지 않고 죽겠다는 배수진을 친 셈이다. 반면 이를 저지해야 할 프랑스군은 병력 출동에 시간을 지체하고 정찰 활동도 태만히 했다. 이전까지 그들이 가진 강력한 기병의 힘을 믿은 까닭이다.

드디어 두 나라 군대는 크레시 숲에서 만나게 되었다. 잉글랜드군은 1만 2,000명이었고 프랑스군은 스위스 용병 석궁수 6,000명을 포함하여 4만 명이나 되었다. 휘하 병사가 프랑스군에 비해 절대 열세였지만 에드워드는 자심감을 잃지 않았다. 프랑스에 상륙하여 그곳까지 가는 동안 만났던 소규모 프랑스 군대와 싸워 한 번도 지지 않았고, 그들이 훈련하여 편성해 놓은 장궁대에 대한 자신감이 충만했다. 이에 대항하는 프랑스군 대장 필립은 잉글랜드군의 위치를 잘못 알아서 잉글랜드군이 이미 유리한 고지를 점령했다는 것을 알지 못했다. 그저 자신들 군대가 숫자가 많고 강력한 힘을 가진 기사들을 보유하고 있다는 자만심에 빠져 있을 뿐이었다.

전투가 시작되자 수적으로 우세한 프랑스군은 큰 함성을 지르면서 진격했다. 그들의 전략은 스위스 용병들이 석궁을 발사한 후 중무장

기병들이 접전을 벌여 적을 물리치는 전통 방식이었다. 하지만 잉글랜드군은 조용히 기다리면서 장궁 사정거리 내로 적군이 오기를 기다렸다. 프랑스군의 석궁은 사거리가 짧았기에 멀리서부터 잉글랜드군의 화살이 날아오자 스위스 용병들은 혼란에 빠졌다. 이어 잉글랜드군은 그때까지 전투에서 큰 역할이 없었던 대포도 발사했다. 소리가 천둥 같은 대포가 프랑스 진영에 연이어 떨어졌고 말들은 처음 듣는 큰 소리에 미쳐 날뛰었다.

이 싸움에서 결정적인 역할을 한 것은 역시나 잉글랜드군의 장궁이다. 정확히 조준된 화살은 대부분 프랑스군의 말이나 기사들의 몸에 꽂혀서 프랑스군이 근거리 접전을 해 보지도 못하고 죽어 갔다. 프랑스 기사들은 계속해서 용감하게 돌격했지만 언덕 위에서 날아오는 화살 공격에는 속수무책이었다. 일부 병사들이 잉글랜드군에게 접근했다고 해도 이미 힘이 빠져 버린 상태에서 상대의 창에 당해 낼 재간이 없었다. 그날 전투를 지휘하던 에드워드는 밤이 오자 병사들을 무장한 채로 대기시켰고, 새벽이 다가오자 준비된 병사들로 하여금 반격을 시도하게 하여 프랑스군과의 전투를 종결했다. 이날 잉글랜드군은 하루 종일 전장을 청소하며 보냈고 수많은 전리품을 획득했다.

이 싸움은 새로운 무기의 도입과 잘 훈련된 궁보병들로 인해 새로운 세상이 열렸다는 것을 의미했다. 어쩌면 생소한 전술이 기존 군대에 준 충격이 컸기 때문이었을 가능성이 있다.

우리가 끊임없이 신기술을 도입해야 하는 이유다. 언제나 같은 제품으로, 같은 서비스로 고객에게 제공하면 비용도 적게 들고 좋지만 언제든 경쟁사들로부터 밀려날 수 있다. 따라서 현상 유지를 위해서든 성장을 위해서든 새로운 제품과 서비스를 개발하고 이를 실전에 적용해서 경쟁력으로 만들어야 한다.

모두가 한 방향을 가리켜야 한다

만지케르트 전투

서기 1071년

튀르크 수장 알프 아르슬란: 그대가 나를 포로로 잡았다면 어떻게 하겠소?

동로마 황제 로마노스: 아마 그대를 죽였을 거요

알프 아르슬란: 나는 그보다 더 심한 짓을 할 생각이오. 그대를 풀어 주려고 하오.

-만지케르트 전투에서

튀르크인은 중앙아시아 유목 민족에서 기원했다. 그들은 10세기경에 트랜스옥시아나, 호라산, 사마르칸트 등 중앙아시아 스텝 지대에서 유목 생활을 했고, 때로는 주변 정착 민족을 습격해 재물을 얻었다. 셀주크 튀르크라 불린 이들은 세력을 키워 남하했는데 당시 가즈니 왕조가 가장 큰 세력이었고 이를 단다나칸 평원에서 물리치게 된다. 그다음은 메소포타미아를 공략해 바그다드를 확보해 압바스 왕조 칼리파를 흡수했고, 레반트와 시리아를 공략해 파티마 왕조를 물리쳤다. 이렇게 세력을 급격히 확장하던 셀주크 튀르크인은 동로마 제국이 지배하던 아나톨리아로 말머리를 돌렸다. 이때부터 400여 년간 이어질 로마 튀르크 전쟁의 시작이었다.

1068년, 튀르크가 동쪽 국경을 유린해 들어오자 콘스탄티노플에서는 새로 등극한 로마노스 4세 황제를 중심으로 원정군을 편성했다. 그가 황제가 된 것은 어린 미하일 7세의 어머니이자 섭정이었던 에브도키아와 결혼했기 때문이다. 또한 황제로서 그의 역할은 오로지 튀르크의 침입에 대응하는 것이었고, 이런 사정 때문에 권력이 강하지 못한 상태였다. 그의 원정 첫 해에는 아나톨리아에 침입해 들어온 튀르크군을 유프라테스 상류에서 섬멸했고, 타우르스 산맥을 넘어 킬리기아를 지나 시리아의 알레포까지 공격했다. 이렇게 유프라테스 방어선을 회복하는 선에서 원정의 목적을 달성한 황제는 수도로 귀환했다.

바지 황제를 앞세운
동로마 몰락의 서막

2년 후 로마노스는 주력 테마군에 프랑크, 노르만, 불가르, 조지아, 아르메니아 등 용병으로 구성된 혼성 부대를 이끌고 아나톨리아를 가로질러 전진했다. 이 과정에서 일부 용병이 조금씩 적의 저항을 받아 처음의 7만에서 상당히 줄어들었다. 본격적인 싸움터가 될 만지케르트에 집결했을 때 로마노스는 포진을 완료했다. 좌익은 테마병이 맡고 우익에는 아르메니아 기병, 중앙에는 로마노스의 본진과 근위병, 중앙 테마병이 배치되었으며 후방에는 귀족 두카스가 지휘하는 노르만과 게르만 기병이 맡는 형태였다. 결과적으로 이것이 패착으로 돌아오는데 단일한 지휘 체계 아래 두어야 할 부대를 둘로 나누어 버렸던 것이다.

알레포에서 대기하던 튀르크의 수장 아르슬란은 3만의 기병을 동원하여 로마군과 맞섰다. 튀르크군이 자주 쓰던 전술은 유목민이 즐겨 쓰는 스웜 전술이었다. 그들은 주로 가벼운 무장을 한 기병으로 활, 투창 등 투사 병기로 무장해 기동력을 이용해 빠르게 접근과 후퇴를 반복했다. 중무장 보병 중심의 로마군은 방패로 화살을 막아 낼 뿐 적극적으로 유목 기병을 공격할 수 없어 천천히 소모되고 있었다. 로마군에게도 양익의 기병대가 있었지만 수적으로 열세여서 튀르크 궁기병에 타격을 입고 패주했다.

꽤 오랜 시간이 흘러 일몰이 다가오자 로마노스는 후퇴를 명령했다. 그 순간 후방에서 황제를 보호해야 할 두카스의 군대가 재빠르게 후퇴해 버려 중앙군이 혼란에 빠져들었다. 이때를 놓치지 않고 튀르크군은 지금껏 아껴 온 중기병을 집중 투입해 로마군을 유린했다. 그러자 로마의 우익이 먼저 궤멸되었고 버티던 좌익도 무너져 내렸다.

결국 로마노스 황제의 친위대가 튀르크군에 포위되어 황제가 포로가 되었다.

이때 튀르크 수장 아르슬란은 아무도 예상하지 못한 결정을 내린다. 로마노스 황제를 풀어 주기로 한 것이다. 파르티아의 수레나스는 전리품으로 사로잡은 로마 공화국의 리더 크라수스를 살해했다. 전쟁에서 승리한 후 적장을 죽이거나 노예로 삼는 것은 일반적이었다. 하지만 아르슬란은 그러지 않았다. 왜 그랬을까? 로마노스는 오로지 이 전쟁을 위해 세워진 황제였고 권력도 강하지 않았는데 만약 패장으로서 수도에 돌아간다면 그 결말은 뻔했기 때문이다. 죽이는 것보다는 살려 두어야 더 높은 몸값을 받아 낼 수 있고 로마의 국력 약화로 이어질 것이라 보았다. 아르슬란의 예측은 맞아떨어져 비싼 몸값을 내고 풀려난 로마노스는 두카스와의 정쟁과 내전에서 패하고 실명의 형벌에 처해졌다.

유스티니아누스 대제 시절 최대 전성기를 누린 비잔틴 제국은 동지중해 지역에서 오랫동안 강자였다. 시민 중심의 강력한 군사력으로 외부 세력을 제압하는 로마의 전통이 잘 작동되었기 때문이다. 그런데 로마노스가 이끈 군대를 보면 두카스라는 귀족이 이끄는 부대가 따로 있었다는 것을 알 수 있다. 지휘 체계가 일원화되지 않았다는 의미다. 여전히 중앙군을 구성하던 테마 제도는 지방의 유력자에게 소속되어 있었다. 따라서 이들이 제국 방어를 하는 데 큰 역할을 했지만 그만큼 지방 군대의 사유화가 진행되었다는 의미가 된다. 결국 제국의 권력을 두고 반란이 자주 발생했고 당연하게도 국력이 점차 약화될 수밖에 없었다.

여기서 배울 만한 것은 강력한 적을 두고 싸워야 할 때에는 지휘 체계가 일원화되어 있어야 한다는 것이다. 하나의 의사 결정에 의해 한 방향으로 나갈 수 있도록 리더에게 힘을 실어 주어야 한다.

쇠퇴할수록
허점이 많아진다

콘스탄티노플의 함락
서기 1453년

갑작스러운 폭풍우 뒤 도랑에 빗물이 흐르듯 도시에 피가 흘렀다.

-니콜로 바르바로(콘스탄티노플 함락 당시를 지켜본 베네치아인)

1453년 4월 오스만 제국의 술탄 메흐메드 2세의 군사가 콘스탄티노플을 포위했을 때 1,000년을 버텨 온 성벽이 도시를 지키고 있었다. 이전에도 이 성을 함락하기 위한 시도가 여러 번 있었다. 하지만 그때마다 난공불락으로 불리는 강력한 삼중 성벽이 지켜 주었다. 그러나 이제 비잔틴 제국도 그 화려한 역사 시대를 마감하고 수도만 남은 채 겨우 유지되는 상황이었다. 당시 성벽을 지키는 군사는 7,000에 불과했을 뿐만 아니라 그들은 모두 외부에서 온 용병이었다.

메흐메드 2세는 13세에 술탄이 되었다. 성년이 되자 친위대 예니체리를 지휘해 아나톨리아의 반란을 진압한 뒤 비잔틴 제국으로 눈을 돌렸다. 메흐메드는 이전까지 있었던 선조들의 공격처럼 무모하게 밀어붙이지 않았다. 한 단계 한 단계 치밀한 계획을 세워 공략해 나갔다.

시대의 종말, 콘스탄티노플의 허망한 함락

먼저 전국에서 모은 기술자 1,000여 명을 동원해 보스포루스 해협의 유럽 쪽에 성채를 만들었다. 아시아 쪽에 그의 조부 메흐메드 1세가 만든 요새가 있었기에 마르마라 해협을 포함한 보스포루스 해협을 통제할 수 있게 되었다. 술탄은 헝가리 출신 기술자를 동원해 아시아와 유럽 성채에 투석 포대를 설치한 뒤 해협을 통과하는 모든 선박에 통행세를 내게 했다.

다음 단계로 마지막 남은 기독교인의 땅인 콘스탄티노플을 공격하기 위해 튀르크와 세르비아군 8만 명과 강력한 함대를 준비했다. 성을 공격하기 위해 술탄이 썼던 가장 창의적인 방법은 금각만(Golden Horn)에 침투하기 위해 육지를 넘어 배를 이동시킨 것이다. 고대로부터 콘스탄티노플은 방어와 상업 활동에 최적의 지형이었다. 삼각형 모양의 땅의 남쪽은 경사가 급한 곳이었기에 낮은 성벽만 있으면 충분했고 서쪽은 수 없는 공격을 물리친 강력한 삼중 성벽이 있었다. 동북쪽은 금각만이라는 이름을 가진 절묘한 모양의 항구였다. 제국에서는 방어를 위해 항구 입구에 굵은 쇠사슬을 쳐 두었고, 배가 드나들 경우에는 이를 열어 조절할 수 있었다. 누가 보아도 성을 공격할 수 있는 가장 취약한 지역은 금각만이었기에 술탄은 군사들을 동원하여 언덕을 넘어 배를 이동시킨 것이다.

술탄이 가진 또 하나의 강력한 무기는 거대한 청동 대포였다. 헝가리인 우르반이 개발한 이 대포를 운반하기 위해서는 사륜차 30대와 소 60마리, 사람 20명이 필요했고, 이와 별도로 250명의 병사가 앞에서 도로나 다리를 보수하면서 움직였다. 이 대포는 하루에 움직일 수 있는 거리가 4킬로미터이고 장전하는 데 3시간이 걸렸기 때문에 하루에 겨우 7발의 포탄을 날릴 수 있었다. 아직 대포의 성능이 완벽하지 못한 시대여서 명중률은 떨어졌다. 하지만 포탄의 파괴력은 그토록 강력했던 성벽을 부수었으며 방어하던 병사들의 사기를 떨어뜨리는 데 충분한 역할을 했다.

정작 콘스탄티노플이 성을 잃게 된 마지막 열쇠는 산을 넘어 금각만을 침투한 배도 강력한 대포도 아니다. 포탄으로 부서진 성벽을 보수하고, 끊임없이 공격을 해대는 술탄 병사들의 공략을 막아 낸 방어군의 허술한 정신 자세였다. 부서진 성벽으로 침입했던 술탄의 군사를 막아 낸 후 돌아오던 기독교군 병사 하나가 내성으로 들어오는 작은 쪽문을 닫아걸지 않은 것이다. 5월 29일 이른 시각, 대포의 집중 사격이 최후의 돌격을 알렸다. 새벽 무렵에는 술탄의 정예 군단인 예니

체리가 성채 안으로 몰려들어 갔다. 적이 성내로 들어온 것을 알게 된 용병 대장 주스티니아니는 지휘봉을 내려놓고 항구로 도망쳤다. 비잔틴 제국 최후의 황제 콘스탄티누스 11세는 칼을 들고 싸우다 죽었고, 이후 며칠간 기독교도 주민 대부분이 노예가 되거나 학살당했다. 1,000년 이상 유지된 난공불락의 도시가 허망하게 무너지는 현장이었다. 영원할 것 같았던 제국의 수도가 세상의 변화에 어쩔 수 없이 역사의 뒤안길로 사라질 수밖에 없다는 것을 알려 준 비극이다.

서기 330년 5월 11일 콘스탄티누스가 이곳을 수도로 삼은 이후 1453년 5월 29일 멸망할 때까지의 기간은 1123년 하고도 18일에 이른다. 그 사이에 프랑크인이 세운 라틴 제국 57년의 시간을 빼면 모두 88명의 남녀가 제위에 올랐다. 이렇게 오랜 세월 동안 하나의 문명권을 유지한다는 것은 지구상 다른 곳에서 찾아보기 힘든 대역사라 할 수 있다. 하지만 영원히 이어지는 운명은 없듯이 어디나 끝은 있다. 장구한 역사를 가진 도시의 멸망 과정을 읽는 것은 슬프지만 이것이 새로운 문명을 탄생하게 하는 마중물이 되었다는 위안은 한편 기쁨을 준다. 이 도시를 떠난 많은 로마인이 서유럽으로 이주했고 그들이 가져온 지식들이 이탈리아를 중심으로 르네상스를 꽃피웠다. 한 시대의 종말은 또 한 시대를 여는 인류 역사의 수레바퀴라 할 수 있다.

건설은 길지만 멸망은 짧다

잉카 제국의 몰락

서기 1532년

나오시오 기독교인들이여! 하느님의 일을 거부하는 적들을 물리치시오.
내가 죄를 사하노니 어서 저 자를 치시오.

- 발베르베, 피사로와 함께했던 스페인 수사

1532년 11월 16일 잉카 제국의 황제 아타우알파는 스페인의 정복자
프란시스코 피사로의 군대에 사로잡혔다. 피사로는 그로부터 8개월
동안 황제를 인질로 잡고 나중에 풀어 준다고 약속했지만 몸값을 뜯
어낸 후 곧바로 처형해 버렸다. 잉카 제국이 피사로에게 준 황제의 몸
값은 가로 6.7미터, 세로 5.2미터에 높이 2.4미터가 넘는 방을 가득 채
울 수 있는 엄청난 황금이었다. 처음 만나는 외부 세력에 의해 허망하

게 멸망한 황금 제국의 몰락 순간이었다. 당시 아타우알파는 신대륙에서 가장 크고 발전된 국가의 절대 군주였고 수백만의 백성이 제국에 버티고 있었으며, 주변에는 8만 명의 대군이 둘러싸고 있었다. 반면 피사로는 당시 유럽에서 가장 강력한 국가였던 신성 로마 제국의 황제 카를 5세를 대신했지만, 그가 이끈 168명의 군사들은 제대로 군기도 갖추지 못한 오합지졸일 뿐이었다. 어떻게 이런 어처구니없는 일이 발생했을까?

그날 피사로의 군대는 보병 106명과 기병 62명이 조심스럽게 카하마르에 펼쳐진 아타우알파의 숙영지로 접근했다. 그들은 어떤 상황이 펼쳐질지 알 수 없었기 때문에 매우 조심스럽게 행동했다. 그리고 잉카 측에 사자를 보냈다.

"어서 뵙고 싶고 친구이며 형제로 삼가 맞이하겠으니 빨리 오시기 바란다. 황제를 모욕하거나 해를 끼치는 일은 없을 것이다."

그러고 나서 피사로는 광장 주변에 병력을 숨겨 놓았다. 반면 아타우알파는 이러한 상황을 전혀 예상하지 못한 듯이 정오 무렵 신하들을 이끌고 광장으로 나왔다. 전면에는 2,000명이 길바닥을 쓸고 좌우에는 수많은 전사가 황제를 뒤따랐다. 그 뒤에는 각기 다른 옷을 입은 세 무리가 있었고 그들은 모두 갑옷을 입고 금은 관을 썼는데 커다란 금속판을 든 몇몇 남자도 있었다. 아타우알파는 여러 빛깔의 앵무새 깃털로 장식하고 금판과 은판으로 덧씌워진 몹시 화려한 가마를 타고 푸른 제복을 입은 80여명의 고관들이 그 가마를 어깨에 메고 있었다.

그는 왕관을 쓰고 목에는 큼직한 에메랄드 목걸이를 메고 있었는데 친선 사절을 만나러 가는 축제의 모습이었다.

세상이 어떻게 돌아가는지 몰랐던 잉카 제국

광장에 잉카인들로 가득 차자 피사로는 수사 발베르베를 아타우알파에게 보내 예수 그리스도의 율법을 따르고 스페인 국왕에게 복종할 것을 요구했다. 수사가 한 손에 십자가와 다른 손에 성경을 들고 잉카인들 속으로 들어가 아타우알파 앞에서 떠든 것이다. 아마도 이 말이 잉카인에게는 전혀 전달되지 않았던 듯, 아타우알파는 성경을 보여 달라고 했다. 건네진 성경을 이리저리 둘러보던 그는 멀리 던져 버렸다. 그에게 성경 같은 책이란 전혀 익숙한 물건이 아니었기 때문이다. 그러자 수사 발베르베는 크게 외쳤다. 스페인 병사들에게 적을 치라고 말이다.

이게 공격 신호가 되었다. 수사의 외침과 함께 나팔 소리가 울렸고 스페인 군대는 숨어 있던 위치에서 쏟아져 나와 광장에 가득했던 잉카인을 향해 무차별 공격을 시작했다. 생전 처음 들어 보는 우렁찬 총소리와 요란한 나팔 소리, 딸랑이 소리는 잉카인을 혼란에 빠뜨렸다. 그들도 이것이 축제가 아니라 전쟁이라고 직감했겠지만 잉카인에게 전쟁이란 돌, 청동기, 나무 곤봉, 갈고리 막대 그리고 손도끼 정도의 무기가 동원되는 싸움이었다. 더구나 그들은 전혀 싸울 준비가 되어 있지 않았으며 그나마 가지고 있는 무기로 무장하지도 않은 상태였다. 피사로의 군대는 잉카인을 무참히 살육했고 황제 주변을 지키던 잉카인 대부분은 그 자리에서 목숨을 잃었다.

이제 아타우알파의 가마를 지켜 주는 이가 없었다. 스페인 군인들은 가마를 멘 잉카인을 마구 죽이고 높다랗게 자리했던 아타우알파를 끌어내려 사로잡았다. 가마를 멘 잉카인은 대부분 높은 추장이나 고관이었는데 그들도 죽음을 면할 수 없었다. 이날 8만여 명에 달했던 잉카 군대는 피사로의 군대에 의해서 현장에서 6,000에서 7,000여 명이 죽음을 당했고 대부분은 제대로 싸워 보지 못하고 도망쳤다. 스페인 군인들은 전투가 아니라 마치 살육 경쟁을 하는 것처럼 수없이 많은 잉카인을 죽인 것이다. 그들도 자신들의 전과를 믿기 어렵다는 듯이 놀랐다. 엄청난 대군을 거느리고 온 강력한 지배자가 소수인 자신들의 병력에 그렇게 허무하게 당하리라는 것을 예상하지 못한 까닭이었다.

흐르는 강물에 두 번 발 담글 수 없다던 헤라클레이토스의 말처럼 세상은 끊임없이 변한다. 지구가 매일 자전하고 1년에 한 번씩 태양을 공전하는 환경에서 변화는 자연스럽다. 만약 세상의 변화를 잘 알지 못한다면 겨우 168명의 스페인 병사에게 허무하게 당한 잉카 제국처럼 될 수밖에 없다. 한때 남미 대륙을 지배했던 잉카인은 세계를 알지 못했다. 또한 스페인 사람들이 1510년부터 잉카에서 1,000킬로미터도 떨어져 있지 않은 파나마에 상륙해 정복하고 있었으며 몇 년 후 페루에 상륙했다는 소식도 알지 못했다. 더구나 서구인과 잉카인이 알고 있던 문명의 차이는 매우 컸다. 세상의 변화를 알지 못한 채 현재에 머물렀던 잉카인은 허무한 패배를 당할 수밖에 없었다.

제대로 보고
곧바로 실천하라

툴롱 공략전
서기 1707년

현재에도, 과거에도, 미래에도 최고의 전략가 한 명을 꼽으라면 바로 나폴레옹일 것이오.

-웰링턴 공작(워털루 전투에서 나폴레옹을 물리침)

    상대가 아무리 넘사벽이라 해도 특정 부분을 공략당하면 싸울 의지를 잃고 무너져 버린다. 역사적으로 뛰어난 지휘관은 상대의 약점을 물고 늘어질 줄 안다. 근대의 뛰어난 리더 중 한 명인 나폴레옹도 그런 사람이었다. 나폴레옹은 책을 많이 읽어 엄청난 지식을 쌓았고 지도를 제대로 사용할 줄 알았다. 어떤 지점을 공략해야 할 경우에는 사전에 부관과 함께 지도를 펼쳐 놓고 상상의 나래를 폈다. 적군은 어떤 동선으로 이동할 것인데 아군은 어떻게 대응할지, 눈앞에 있는 고지는 어떤 방식으로 점령할지를 끊임없이 구상했다.

나폴레옹이 출셋길을 연 최초 사건은 1793년 프랑스 남부에 있던 항구 도시 툴롱 포위전이었다. 이 싸움에서 나폴레옹과 프랑스군이 승리할 수 있었던 것은 툴롱 항구를 바라보고 있던 핵심 요지 레귀예뜨 요새를 점령했기 때문이었다. 스물여섯 살 포병 장교였던 나폴레옹은 지도를 보자마자 이를 단박에 알아차렸고 모든 전력을 기울여 이곳을 점령하기에 이른다.

탁월한 정치력으로
기회를 잡은 나폴레옹

그렇다면 당시는 어떤 상황이었을까? 1793년은 이미 프랑스 혁명이 발발한지 4년째 되는 해로 혁명의 완숙기에 들어갔어야 할 시기였다. 하지만 혁명이 무엇인지, 어떻게 해야 하는 건지 몰랐던 혁명 주체들은 우왕좌왕 혼란 그 자체였다. 혁명파 로베스피에르와 단두대가 상징하는 공포 정치가 맹위를 떨쳤고 혁명파와 왕당파 간 세력 다툼이 심했다. 특히 왕당파는 마르세이유와 툴롱 등 남부 지방에서 세력을 잡고 있었다. 툴롱은 프랑스 제1의 군항이었는데 여기에 정박해 있던 함대 70척이 프랑스 해군 절반의 전력일 만큼 중요한 곳이었다. 이런 곳을 왕당파가 자리 잡았고 그들은 살아남기 위해 영국 및 스페인 함대를 끌어들였다. 이 소식에 프랑스 국민공의회는 사태의 심각함을 인식하고 카르토 장군이 이끄는 병력을 툴롱 외곽에 배치했다.

이때 나폴레옹은 겨우 26세에 포병 사령관도 아니었고 카르토의 부관도 아니었다. 그런데 그는 나이는 어렸지만 정치 감각이 탁월했다. 그는 '보케르에서의 저녁 식사(Le Souper de Beaucaire)'라는 이름의 글을 썼는데, 공화파가 우수한 체제라고 칭송하는 팸플릿이었다. 결국 이런 충성 고백은 중앙 정부를 휘어잡고 있던 막시밀리안 로베스피에르의 동생 오귀스틴 로베스피에르의 눈에 띄었다. 결국 나폴레옹에게 로베스피에르라는 막강한 정치적 후원자가 생기고 월급도 제대로 못 받던 어리고 가난한 장교가 포병 장교로 임명되는 큰 기회가 될 수 있었다.

이렇게 상황이 돌아가자 카르토 휘하에 있던 정치 장교 살리세티는 마침 포병 지휘관이 부상을 당해 비어 있자 나폴레옹을 그 자리에 앉혔다. 이때 현장에 투입된 나폴레옹은 지휘관 카르토 장군과 의견 대립을 하게 되었다. 카르토는 화가 출신이었는데 툴롱을 접수한 영국-스페인 함대를 몰아내기 위해 툴롱 서쪽 고지대인 올리울 공략에 열을 올려 결국 이 고지를 손에 넣은 상태였다.

나폴레옹의 정치적 책략은 여기서도 실력을 발휘했다. 자신의 의견을 지지해 주지 않은 직속 상관 카르토를 파리에 연락하여 교체를 요청했고 결국 포병대 전체의 지휘권도 확보했다. 나폴레옹이 가진 가장 큰 능력은 큰 그림을 볼 줄 안다는 점이다. 그는 이 작전의 키워드가 툴롱시가 아닌 연합 함대라고 파악했다. 즉 툴롱을 에워싼 요새들을 하나하나 점령하는 전투를 통해 함락시키는 것은 의미가 없고 항구에 정박해 있는 영국-스페인 연합 함대를 쫓아내기만 하면 툴롱은 저절로 무너질 것이라고 보았다.

나폴레옹이 탁월하다는 것은 그의 후속 행동에서도 나타난다. 그는 자신에게 주어진 몇 문 되지 않은 대포들에 만족하지 않고 툴롱 인근 병기고를 샅샅이 뒤져 대포 및 탄약을 확보했으며 전직 포병 장교들을 징집해 배치했다. 이렇게 확보된 막강한 화력을 가지고 포병 전문가답게 단계적인 진지를 구축하여 핵심 요새들을 하나씩 공략해 갔다. 이 과정에서 나폴레옹은 영국군의 총검에 넓적다리를 찔리는 생애 최초의 부상을 당했다. 몸을 희생해 가며 적을 공략한 위대한 지휘관의 스토리까지 겸비한 셈이다. 결국 이렇게 단계적으로 포병 전력을 이동시킨 결과 영국군은 나폴레옹 최초의 타깃이었던 레귀에뜨 요새를 포기했고, 그 결과는 나폴레옹이 예측한 대로였다.

항구에 직접 포격이 가능한 위치에 프랑스군이 진출하자 영국-스페인 연합 함대는 철수를 결정했고 툴롱의 외곽을 방어하던 왕당파 세력도 일거에 무너져 버렸다. 탁월한 정치적 책략과 전략적 위치를 읽는 혜안, 그리고 부족한 전력을 보충하는 실행 전략까지 모두 가지고 있었던 나폴레옹의 앞길이 훤히 열리는 순간이었다.

프랑스 혁명 기간 중 나폴레옹이 치른 수많은 전쟁에서 다수의 승리를 거둔 것은 새롭고 획기적인 전략이 있었기 때문이 아니었다. 그의 승리 요인은 많은 병력, 압도적 화력, 빠른 기동이었다. 그저 누구나 알고 있는 전략을 제대로 실행했기 때문, 그 이상도 이하도 아니었다. 그가 이끈 프랑스군이 언제나 적보다 많은 병력은 아니었지만 전투 현장에서는 늘 적보다 많았다. 그러기 위해서 현장에 신속하게 이동했고, 빠르게 전투 준비를 끝마쳤다. 과거 전쟁 사례를 알기 위해 많은 공부를 했고, 현장의 지형을 항상 확인했다.

나폴레옹에게 배울 만한 것을 정리해 보면 이렇다. 첫 번째는 과거 사례를 철저히 분석했다. 그는 알렉산드로스, 한니발, 카이사르를 자신의 롤 모델로 여겼다. 따라서 과거의 전쟁 상황을 철저하게 공부했고 그것을 현장에 적용하려 애썼다. 두 번째는 전쟁터의 지리적 특성을 파악하는 데 주력했다. 그는 전투 현장으로 이동하면서 언제나 참모와 함께 지도를 분석했다. 그것으로 적의 강점과 약점을 철저히 파악했다. 세 번째는 적보다 많은 수를 차지하도록 빠른 기동을 실천했다. 사전에 전투 상황을 전략적으로 통찰한 다음 신속하게 이동해 많은 병력 수로 승리를 거두었던 것이다. 승리의 방법이란 의외로 단순한 데 있다.

상황이 바뀌면
생각도 바뀌어야 한다

나폴레옹의 러시아 원정

서기 1812년

내가 80만 군대를 갖고 있다는 사실을 모르는가! 동맹국에 기댈 생각인가 본데 동맹국은 어디에 있는가?

-나폴레옹, 대륙 봉쇄령에 반발하는 러시아에 대해 한 말

1789년 프랑스 혁명 이후 나폴레옹은 유럽 대륙을 장악했는데, 단한 곳 영국만이 그의 지배를 받지 않았다. 프랑스 해군이 영국 영웅 넬슨 제독에게 1789년에는 이집트 앞바다에서, 1805년에는 스페인 남서쪽 트라팔가 해역에서 패했기 때문이다. 영국을 침공할 수 없게된 나폴레옹은 1811년 영국과 유럽 대륙 간 무역을 저지하고자 대륙 봉쇄령을 내렸다. 그런데 이 조치는 원래 목적한 효과를 보지 못했다.

영국은 산업 혁명이 진전되어 대륙에 의존하지 않아도 되었기 때문이다. 또 포르투갈과 스페인이 이 조치에 반발하자 나폴레옹은 군대를 스페인에 보내야 했는데 이곳에서는 게릴라 저항에 막혀 국력 낭비를 초래했다. 더 큰 반발은 러시아에서 나타났다. 대륙 봉쇄령으로 영국에 농산물 수출이 끊기자 막대한 경제적 손실을 견딜 수 없었다. 러시아 황제 알렉산드르 1세는 공식적으로 나폴레옹의 대륙 봉쇄 정책을 따르지 않겠다고 선언하고 영국과 무역을 재개했다.

나폴레옹은 이러한 러시아를 두고 볼 수 없다고 여겨 원정군을 편성했다. 러시아 원정군 규모는 60만 명이었는데 3분의 1은 프랑스인이고, 3분의 1은 라인 동맹과 프로이센, 오스트리아인이고 나머지 3분의 1은 폴란드인을 중심으로 한 기타 민족이었다. 목표는 러시아 수도 모스크바였다. 러시아를 굴복시켜야 다른 국가들도 자신의 방식대로 따를 것이라는 생각에서였다.

자신의 강점을 지워 버린 나폴레옹

그런데 지금까지 나폴레옹의 군대 구성과 전쟁 방식이 아니었다. 그가 전투에서 승리하고 유럽을 호령할 수 있었던 것은 거대한 군사력이 아니라 예정된 목표를 두지 않고 적을 혼란스럽게 하는 전격적 기동전 방식이었다.

러시아를 공격하러 떠나는 나폴레옹은 이제 스스로 강자라고 여겼던 것일까? 1812년 6월이 되자 나폴레옹은 대군을 이끌고 러시아로 진군해 들어갔다. 엄청나게 많은 군사에게 필요한 물품과 식량을 어떻게 조달할 생각이었는지 겨우 3주 분량의 보급 물자만을 가지고 전쟁은 시작되었다. 러시아는 그들이 가진 국토 특성을 너무나 잘 알고 있었다. 나폴레옹 군대는 눈에 뻔히 보이는 목표물이었고 시간은 러시아 편이었다. 넓은 국토를 이용하여 치고 빠지면서 적들이 사용하지 못하도록 농민들을 대피시키고 식물들을 제거했다.

상황을 제대로 깨닫지 못한 나폴레옹은 모스크바 근방 보르디노에서 처음으로 러시아군과 첫 전투를 벌여 승리를 거둔 것을 기뻐했다. 분명 러시아군 5만 명이 사망했고 프랑스군 3만 명이 죽었으니 프랑스군 승리였다. 하지만 이는 근본적으로 러시아군이 워낙 허약했기 때문이지 그들이 펼친 청야 전술의 실패는 아니었다. 어쩌면 나폴레옹군의 기를 살려 줘 추워지는 가을까지 시간을 벌려는 러시아군의 전술이었다고 볼 수 있다.

전투에 패배했지만 러시아군은 질서 정연하게 후퇴했고, 모스크바에 당당하게 입성한 나폴레옹은 항복 문서를 들고 찾아오는 알렉산드르 1세의 모습을 기다렸다. 하지만 모스크바에는 텅 빈 시가지만 있을 뿐 그들이 먹을 식량도 없고 포로로 잡을 러시아인도 없었다. 당황한 나폴레옹은 굶주린 병사들을 달래며 5주 동안이나 알렉산드르 1세와 협상하기를 기대했으나 꽃놀이패를 쥔 러시아 차르는 얼굴을 보여 주지 않았다. 그러는 사이 가을이 깊어 갔다. 더 이상 시간을 지체하고 있다가는 여름 복장을 한 군사들이 모두 얼어 죽을 판이었다.

기다리다 못한 나폴레옹은 후퇴를 명령했다. 제대로 진형을 갖추지 못한 채 황량한 러시아 벌판을 걷고 있던 나폴레옹을 러시아인은 그냥 보내 주지 않았다. 수도 모스크바가 나폴레옹에 방화되어 불탄 걸 알고 있던 러시아인들은 적개심에 사로잡혔다. 끈 떨어진 무적의 군대는 러시아군에게 보복 대상이었다. 불행하게도 그해에는 겨울이 일찍 찾아와 위대한 정복자의 군대를 사정없이 괴롭혔다. 추위와 굶주림에 지쳐 후퇴하는 나폴레옹을 공격하는 러시아군 입장에서는 마치 전쟁 연습하듯이 총칼을 휘두르면 그만이었다.

러시아 원정 결과는 참혹했다. 60만 명 원정군 중 40만 명이 죽거나 행방불명되었고 10만 명이 포로가 되었다. 역사상 최대를 자랑하던 대군은 어디에도 존재하지 않았다. 대부분의 병사를 전장에서 잃거나 동맹국에 놔두고 돌아온 나폴레옹은 더 이상 일어설 힘이 없었다. 다시 신병들을 모집하고 새로운 군대를 편성하여 다시금 적으로 돌아선 주변 세력들을 이겨 보려 했지만 역부족이었고, 결국 엘바섬으로 귀양 가는 신세가 되었다.

나폴레옹의 승리 방정식은 적의 약점을 파악해 작지만 빠른 군대로 강력한 화력을 동원해 적을 치는 것이었다. 그러기 위해서 보급도 최소화해 현지에서 조달하는 방식을 주로 썼다. 잘 준비되지 않았어도 적의 땅에서 임기응변으로 승리를 거두는 전형적으로 약자가 쓸 수 있는 전략이라 할 수 있었다. 하지만 60만 명의 연합군을 편성해 러시아로 쳐들어간 나폴레옹은 약자의 위치가 아니었다. 지금까지는 약자의 전략으로 승리를 거두었지만 이젠 그 전략이 바뀌었어야만 했으나 그러지 못했다. 러시아는 강하지 않았고 프랑스의 60만 대군을 먹여 살릴 식량도 마초도 없었다. 나폴레옹의 치명적 패배는 적의 상황이 다르고 내 환경이 바뀌었다면 그에 맞는 전략을 전택해서 실행에 옮겨야 한다는 교훈을 준다.

빠르게
치고 빠져라

스페인 전쟁
서기 1807~1812년

이베리아를 점령하려면 20만 이상의 병력이 필요하고 내 권위를 세우려면 단두대만 1만 개 쯤 필요할 것 같습니다. 당신은 집집마다 요새화되고 사람들이 쉽게 단결하는 여기 상황을 모릅니다.

-스페인 호세 1세, 나폴레옹에게 보낸 편지에서

스페인어로 작은 전쟁을 의미하는 '게릴라(guerrilla)'는 1808년부터 1814년 사이 나폴레옹이 스페인을 침공한 전쟁에서 유래되었다. 이 전쟁은 나폴레옹이 대륙 봉쇄령을 내리자 포르투갈이 이를 어기고 영국과 교역한 것을 응징하기 위해 스페인을 거쳐 포르투갈로 진군한 것을 계기로 발생했다. 프랑스는 해군이 없어 스페인을 거쳐 포르투갈로 가야 했는데 길을 열어 주는 대신 포르투갈을 양분하기로 스페인과 협정을 맺었다. 이는 과거 임진왜란 때 도요토미 히데요시가 "명나라를 공격하겠으니 길을 빌려 달라"라고 조선에 요청한 것과 비슷했다.

그렇게 스페인을 거쳐 포르투갈로 공격해 들어간 나폴레옹군은 비교적 쉽게 그곳을 점령했고, 약속대로 포르투갈을 양분하여 스페인과 나누었다. 문제의 발단은 나폴레옹의 욕심으로 스페인까지 점령한 데 있었다. 그는 군대가 스페인 곳곳에 배치되자 스페인 왕가를 힘으로 압박해 퇴위하게 하고 자신의 형 조세프 보나파르트를 국왕으로 임명했다. 나폴레옹의 착각은 스페인 민중이 왕가의 압제에서 벗어나 프랑스식 자유주의 지배 체제를 지지해 줄 것이라 믿었다는 점이었다. 하지만 아무리 왕정이 국민들을 힘들게 한다 해도 외세에 의한 국토 점령보다는 나쁘지 않다. 나폴레옹은 스페인 사람들의 군사적 능력도 과소평가하고 있었다.

기백으로 검을 이긴
스페인 민중

1808년 5월 스페인 사람들은 마드리드 민중 봉기를 시초로 대대적으로 거병했고 평지에서 강한 나폴레옹 군대에 대응하여 곳곳에 산재한 산과 계곡에 의지한 저항을 했다. 이베리아는 침략자들에게 적대적 지형과 기후를 갖춘 곳이었다. 포장되지 않은 도로들은 여름이면 먼지 구름이 피어올랐고 겨울이면 진창으로 변해 버려 나폴레옹의 특기인 대포 이동을 어렵게 했다. 사무치게 추운 밤과 찌는 듯한 한낮의 태양은 낯선 이방인 프랑스군을 지치게 만들었다. 더구나 이런 지형과 기후를 활용한 스페인인들의 치고 빠지는 저항은 도저히 이겨 낼 수 없는 지경에 이르렀다.

또한 여러 차례 포르투갈, 영국군과 전투를 치러야 했다. 하지만 결정적인 승리를 가져오지 못했고 전쟁은 갈수록 장기전 양상을 보였다. 프랑스는 점점 병력과 물자가 부족해졌다. 해상 보급을 받아야 하는 탓에 프랑스의 장기인 기동전은 불가능한데, 스페인 전역에서 게릴라전을 치러야 하니 당연한 노릇이었다. 여기에 영국이 지원군을 파견하고 피해가 점차 확산되자 나폴레옹은 러시아 침공을 위해 다수 병력을 철수하고 이곳에서 발을 뺐다. 그렇게 나폴레옹은 7년 동안 60만 명에 이르는 엄청난 군대와 자금을 이베리아에 투입했음에도 얻어 낸 성과가 아무것도 없었다. 결국 이 전쟁은 나폴레옹의 파멸을 이끈 최초 직접적 원인으로 꼽힌다.

스페인은 대부분 지역이 평균 고도가 800미터인 메세타라는 고원으로 이루어져 있어서 대규모 부대 이동이 쉽지 않다. 고원은 북부가 남부보다 약간 높으며 칸타브리카 산맥, 이베리코 산맥, 모레나 산맥, 포르투갈 접경의 낮은 산지로 둘러싸여 있다. 지중해성 기후지만 사하라 사막에서 부는 덥고 건조한 기류 영향도 받는다. 여름에는 찌는 듯한 무더위가 야외 활동을 어렵게 하는데 겨울이 되어야 서늘한 날씨가 되고 비가 내린다. 병력, 화력 등 모든 게 우세한 강력한 적에 맞서 싸워야 하는 게릴라 전사들에게 정신 무장은 그 무엇보다도 중요하다. 적의 침공에 맞서 조국을 지켜야 한다는 사명감은 그들을 목숨을 건 전사로 만들어 주었다. 그들이 원래 싸움에 능한 병사가 아니었다고 해도 말이다.

　게릴라전은 대개 힘없는 약소민족과 약소국가들의 국민들이 어쩔 수 없이 선택하는 전쟁 방식이다. 정규군이 외세의 침략을 제대로 막아 내지 못할 때 민중들이 자발적으로 일어나 적과 상대했다. 임진왜란 때 왜군을 막기 위해 등장했던 의병들도, 소련군 침략을 막아 내던 아프가니스탄 사람들도 그랬다. 게릴라는 체계적인 지휘 계통이 없고 보급, 위생 등 지원 체계도 부실하다. 단독 또는 소부대가 적을 기습해서 전과를 거두고 신속하게 전장을 빠져나와 민중 속에 숨는다. 따라서 적 후방이 주요 활동 무대가 되며 경비가 허술한 기지, 연료나 탄약 저장고, 교통 요지에 위치한 통신소 등을 주로 공격한다. 게릴라는 주민들의 적극적인 지원을 받아야 하며 그들의 지원 없이는 효과적인 작전을 수행하기 어렵다. 군인과 민중의 구분 없이 혼연일체가 되어야만 외세를 물리칠 수 있다.

요지를 선점해야
승기를 잡는다

게티즈버그 전투

서기 1863년

가장 훌륭한 싸움은 적이 지키지 않는 지점을 소수의 병력으로 차지하는 것이다.

-나폴레옹

공업이 주력 산업이었던 북부와 농업을 주요 산업으로 했던 남부 간에 치열한 전투가 벌어진 미국 내전 남북 전쟁. 1860년 시작된 이 전쟁은 초기에는 남부군이 우세했으나 시간이 흐르며 경제력에서 앞서 있던 북부군이 힘을 쓰기 시작했다. 그러던 1863년 7월, 북군과 남군의 주력 부대는 펜실베이니아주 게티즈버그에서 남북 전쟁 최대의 전투를 벌이게 된다. 이때 북군이 점령하고 있던 작은 언덕 하나가 전세를 결정지었다. 바로 '리틀 라운드 톱'이라고 이름 붙여진 높지 않은 고지였다. 당시까지 남북 전쟁은 남부 수도 리치먼드와 연방 수도 워싱턴을 잇는 동부 전선, 그리고 미시시피강의 제해권 장악을 둘러싼 서부 전선으로 나뉘어 있었다. 서부 전선은 남군의 연전연패로 북부의 우세가 확연했고 명장 리가 이끄는 동부 전선은 그런 대로 선전하고 있었다. 그러다 남부가 사력을 다해 지키려 했던 요충 빅스버그가 치열한 공방전 끝에 북군에 함락되었고, 전세는 북군의 우세로 이어지고 있었다.

이대로 있을 경우 수도 리치먼드가 위험해질 가능성이 높아지자 남군은 병력을 총동원해 게티즈버그로 진격했다. 한편 북군 존 버포드 장군은 남군을 찾아 기병대를 이동시키고 서로의 위치를 확인했다. 7월 2일 남북의 대군은 게티즈버그에서 만났는데 양측 병력은 남군이 약 7만 5,000이었고 북군은 10만 명 이상이었다. 챔벌레인이 이끌던 메인 20연대는 원래 1,000여 명의 구성원이 있었으나 1년 남짓한 동안에 다섯 번 격전을 치르면서 낙오, 탈영, 부상, 전사 등이 누적되어 358명뿐이었다. 그들은 오랜 행군 끝에 게티즈버그에 도착했고 길가에서 잠시 휴식을 취했다. 당시 챔벌레인의 상관이었던 스트롱 빈센트는 자신에게 내려진 명령이 아니었음에도 요충지로 지적된 리틀 라운드 톱을 점령하기로 마음먹었다. 명령과 통제가 확실하지 않았던 상황에서 지형의 중요성을 인식했기 때문이다.

남북 전쟁을 승리로 이끈 의사 결정

곧바로 그는 자신의 여단을 그곳으로 진격시켰고 리틀 라운드 톱 서쪽 능선 아래쪽에 사분원 형태로 진을 쳤다. 특히 챔벌레인의 메인 20연대를 대열의 왼쪽 끝에 배치하여 북군의 방어선을 지탱하는 닻의 역할을 하게 했다. 이 상황은 언덕 밑에 있는 남군이 힘을 모아 리틀 라운드 톱을 에워싸 버린다면 메인 20연대는 앞뒤에서 적의 협공을 받아 꼼짝 못하는 신세가 될 수도 있었다. 현지 지형상 리틀라운트탑은 누가 이곳을 선점하느냐에 따라 전세가 결정될 만큼 중요한 고지였다. 비록 주변보다 조금 높은 야산에 지나지 않았지만 이곳의 북쪽에는 북군이 일명 낚싯바늘이라고 불리는 수비 대형을 취했다. 북쪽으로부터 컬프스힐, 세머테리힐, 그리고 남쪽으로 이어진 세머테리릿지를 따라 병사들과 대포가 배치되어 있었다. 만약 남군이 이곳에 포대를 설치한다면 세머테리릿지에 있던 북군은 큰 피해를 입을 가능성이 높았다.

이곳을 공격하던 남군은 윌리엄 오츠가 이끄는 앨라배마 15연대였는데 700명의 정예 군인으로 구성되어 있었다. 북군은 적은 인원으로 고지를 커버하기 위해 간격을 벌려 넓은 대형으로 방어 진지를 구축했다. 새벽 3시가 되자 드디어 남군이 공격을 개시했고 양측 간에 밀고 밀리는 치열한 공방전이 진행되었다. 몇 시간의 전투가 끝나고 양측은 재정비 시간을 가졌다. 이때 메인 20연대 병사들 3분의 1 이상이 사망하거나 부상당했으며 병사들이 가진 탄약도 대부분 소모된 상태였다.

원래 공격 측은 방어 측의 다섯 배가 있어야 대등한 전투를 치를 수 있는 법이다. 그런데 700여 명의 병력을 이끌고 고지를 점령하려 했으니 공격 측이 불리했을 것은 틀림없다. 당시에는 기관총이 없었고 참호를 파서 방어하는 개념도 없었다. 따라서 정직하게 장전하고 총을 쏘는 방식으로 싸움이 이어졌다.

그런데 남군은 보충할 병력이 충분했고 북군은 적의 공격에 대비할 탄약이 없었다. 메인 20연대장 챔벌레인은 지금까지 취해 왔던 방어 위주 전술을 버리고 총공세를 펴기로 마음먹었다. 적이 잔여 병력을 모아 공격을 재개할 경우 방어할 여력이 없었기 때문이다. 그는 살아남은 병사들에게 착검을 명령하고 백병전으로 승부를 내려고 했다.

오후 6시 30분이 되자 돌격 신호와 함께 총검을 앞세운 북군 병사들은 거대한 원호를 그리며 언덕 아래로 뛰어 내려갔다. 북군 병사들이 밀고 내려오자 남군 병사들은 북군 숫자가 많아 보여 겁에 질렸는지 퇴각하기 시작했다. 이때 왼쪽 숲속에 매복해 있던 북군이 일제 사격을 했고 남군은 대열을 흩트리고 도망가기 바빴다. 이 총검 돌격이 끝났을 때 북군은 자기들 숫자의 두 배가 넘는 400여명을 포로로 잡았고 리틀라운드탑은 메인 20연대의 확고한 주둔지가 될 수 있었다.

스트롱 빈센트는 자기가 직접 받은 지시는 아니었지만 사태의 긴급성을 감안하여 자신의 여단을 리틀라운트탑으로 이동시켰다. 반대로 크림반도의 발라크라바에서는 그 어떤 지휘관도 상부의 잘못된 명령을 거부하지 않았다. 그것이 숱한 부하들을 포탄에 쓰러지게 했지만 말이다. 만약 상부의 명령을 따르지 않고 독자적으로 행동했다가 결과가 잘못되었다면 책임을 면키 어려울 것이다. 하지만 분명 잘못된 명령인줄 알면서도 그대로 따른다면 조직이 위험해질 수 있다.

전쟁터가 아닌 경영 현장에서도 이런 선택의 상황은 얼마든지 발생할 수 있다. 잘못될 것을 뻔히 알면서도 상사의 지시를 그대로 따를 수는 없다. 그렇다고 해서 상사의 지시 대신 독자적 판단에 의한 행동만이 옳은 건 아니다. 어떤 경우든 다양한 선택지가 존재한다. 중요한 건 조직이 목표하는 성과를 달성하는 것이고 이를 위해서는 리더 양성과 유연한 조직 문화가 필수다. 평소 자율적인 의사 결정을 할 수 있는 사람을 만드는 교육 훈련 체계 구축도 중요하다.

필요한 곳에
필요한 사람을 써라

칼레 해전
서기 1588년

육지 생활이 취향에 맞지 않는다는 말은 아닙니다. 하지만 바다에서의 삶이 나에게는 더 좋습니다.

-프랜시스 드레이크

우리가 교과서에서 배운 스페인 무적함대와 잉글랜드의 전쟁 이야기인 칼레 해전에 관해서는 조금 과장된 게 많다. 전투 결과가 잉글랜드 위주로 기술되었고 스페인 함대가 이때 패배하여 역사의 큰 전환점이 된 듯 말하는 게 대다수다.

하지만 아르마다(armada)라는 이름을 가진 스페인 함대는 무적이 아니었다. 아르마다는 그저 함대라는 뜻이다. 칼레 해전 이후 스페인이 곧바로 몰락한 것도 아니다. 스페인이 당시에는 유럽 최강의 국가였고 전성기를 이룬 것은 사실이지만 칼레 해전 때문에 국가의 역량이 몰락했다기보다는 여러 가지 요인이 겹쳐 있기 때문이었다. 또 드레이크는 잉글랜드 해군의 제독도 아니고 칼레 해전에서 절대적 전과를 세운 것도 아니었다. 다만 드레이크는 해적의 실력을 살려 스페인 해군으로부터 막대한 전리품을 챙겨 여왕을 기쁘게 했다. 어찌 되었든 당시 빈약한 해군을 키우기 위해 해적 드레이크를 해군에 포함한 여왕의 전략은 탁월했고 스페인과의 해전을 성공적으로 이끌게 된다.

무적함대를 이긴
여왕의 기용

잉글랜드 해협을 향해 함대를 띄운 스페인의 전략은 네덜란드에 주둔한 파르마 공의 부대가 칼레에서 해협을 건너 잉글랜드를 침공하는 한편, 제해권을 장악하고 잉글랜드 침공 작전을 보호한다는 것이었다. 1588년 5월 25일 출항한 함대의 규모는 거대했다. 총 137척 중 65척은 대형 범선이었다. 당시까지 해군의 전투 방식은 고대에서부터의 것을 답습했는데 함포를 쏘고 배끼리 부딪친 후 전투원이 상대 배에 올라 싸움을 하는 방식이었다. 그래서 스페인의 함대는 3만 명의 전투원을 싣고 있었다.

한편 플리머스에 정박한 잉글랜드 함대는 총 197척이었는데, 34척은 여왕의 배고, 163척은 귀족들의 소유였다. 스페인 함대에 비해 기동 및 관리가 용이한 소형 배들과 정확하고 신속하게 포격을 가할 수 있는 선원을 많이 보유했는데 전투원의 숫자는 적었다. 스페인의 전술은 단거리에서 적을 포격해 돛에 손상을 입히고 접근하여 쇠갈퀴로 적선을 끌어당겨 올라타 싸우는 것이었다. 반면 잉글랜드의 전술은 먼 거리에서부터 적선에 포격을 가해 적선을 침몰시키는 것이었다. 보유한 전투원이 많고, 크고 강력한 배를 가진 스페인과 소형 배를 가진 잉글랜드는 각자의 장점을 살린 전략을 구사한 것은 어쩌면 당연한 것이었다.

5월에 출항했지만 기상 악화로 2개월을 기다린 끝에 7월 하순이 되자 스페인 아르마다는 잉글랜드 해협을 향해 이동했고 8월 6일에 칼레 해안에 정박하여 결정적인 접전을 준비했다. 그러나 네덜란드 군사들은 승선 준비가 되어 있지 않았고 항구에 정박하여 기다려야 했다. 다음 날 드레이크는 칼레 항구에 여섯 척의 화공선을 보냈고, 이는 아르마다에 재앙을 가져왔다.

이는 흡사 삼국지의 적벽 대전을 연상케 한다. 남동풍이 부는 것을 이용하여 불을 붙인 배를 연환계에 의해 엮여 있던 조조의 배를 향해 보내던 그 장면, 아르마다는 닻을 올려 항구 밖으로 나와 대응 작전을 벌였지만 이른바 '프로테스탄트 바람'이라는 남서풍이 계속 불어온 덕분에 방향을 잡기가 매우 어려웠다. 크고 거대한 배를 가진 스페인 함대는 치고 빠지는 데 능숙한 해적 출신의 드레이크에게 고전했다.

잉글랜드군은 우수한 기동성과 사정거리가 긴 대포를 활용하여 적 후미를 따라 가며 매일같이 공격을 퍼부어 댔다. 강력한 서풍, 얕은 모래톱, 잉글랜드군의 공격으로 아르마다는 수많은 배가 부서졌는데 지속적으로 불어오는 남서풍은 스페인으로 회항하기도 어렵게 만들었다.

결국 아르마다는 부서진 배들을 이끌고 북쪽으로 후퇴하는 길밖에 없었는데 북해를 돌아가기 위해 스코틀랜드 쪽으로 방향을 잡았다. 하지만 험난하기로 유명한 북해의 바람은 스코틀랜드를 멀리 우회하는 아르마다를 그냥 놔두지 않아 수많은 배가 침몰하고 말았다. 결국 본국으로 귀환한 배는 심하게 부서진 상태의 53척에 불과했다.

무적함대를 잉글랜드가 격파했다는 이야기를 들으면 이때부터 잉글랜드가 최강 해상 국가로 등장했다고 이해하기 쉽다. 하지만 그건 사실이 아니며 스페인 제국이 금방 몰락한 것도 아니었다. 스페인 아르마다의 상당한 손실이 있긴 했지만 잉글랜드 해군이 강해서 승리한 게 아니기 때문이었다. 해군 기반이 강력했던 스페인은 놀랍도록 짧은 기간에 새로운 아르마다를 재건했으며, 상당 기간 더 해상 강국의 면모를 유지할 수 있었다. 오히려 이 전투를 통해 스페인 해군은 전술을 보강할 수 있었기에 오히려 거듭났다고 할 수 있다. 단편적인 역사만을 알게 되면 이렇게 허무한 후속 결과를 만날 수 있다.

프랜시스 드레이크는 카리브해뿐만 아니라 여러 지역에서 활약한 해적이었기 때문에 그를 모델로 한 대중문화 작품에 자주 등장한다.

할리우드 영화 〈카리브해의 해적〉 시리즈 등 그를 연상할 만한 작품들이 매우 많다. 그가 특별나게 유능했을 뿐만 아니라 해적치곤 드물게 온갖 부귀영화와 권력을 누려본 인물이란 점도 그 이유 중 하나다. 그의 인생 전략은 다른 이들과는 상당히 달랐다. 약탈해 온 재물을 독차지하지 않고 여왕에게 적극적으로 바쳐 잉글랜드의 재정에 기여했고, 이 때문에 스페인 함대를 물리치는 해군의 일원이 될 수 있었다. 비록 당시의 강대국 스페인의 함대를 주로 나포하던 해적일지라도 조국을 위한 그의 헌신은 큰 보답으로 돌아왔다고 할 수 있다.

서서히 그러나
치명적으로 망가뜨려라

아편 전쟁
서기 1839~1842년

그 기원에 있어서 이보다 더 부정한 전쟁, 이것만큼 영국을 불명예로 빠뜨리게 될 전쟁을 나는 알지 못했고, 그 어떤 책에서도 읽지 못했습니다.

-하원 의원 글래드스턴

1840년 영국 의회에서는 청나라와의 전쟁을 묻는 찬반 투표를 앞두고 진지한 토론이 벌어졌다. 그때 연설에 나섰던 당시 31세의 하원 의원 글래드스턴은 이렇게 말했다. 글래드스턴뿐만 아니라 많은 의원이 이 전쟁을 반대했고 실제 투표 결과도 찬성 271표, 반대 262표 이렇게 단 9표 차로 전쟁 참여가 결정될 정도였다. 근대 이전에는 동서양을 막론하고 강자가 약자를 침략해 지배하고 수탈하는 것이 지극히 자연스러운 행위였다. 나라의 이익을 얻기 위해 수행한다는 명목의 전쟁을 가지고 부정, 불명예를 언급한다는 것 자체가 난센스였다.

그러나 글래드스턴은 알고 있었다. 이 전쟁의 찬성을 주장하는 의원들의 속내는 나라 전체의 이익보다 그들 개인의 이권이 걸린 문제라는 것을. 도덕적 비난은 아무것도 아니며 청나라와의 무역에서 얻는 이권이 훨씬 달콤하다는 사실을 말이다.

영국 동인도 회사가 무역 항로를 연 이후부터 영국에서는 차를 마시는 습관이 널리 퍼졌고 도자기, 비단 등을 청나라로부터 수입했다. 하지만 영국에서 팔 수 있는 모직물이나 면직물은 청나라 사람들이 선호하지 않았고 오로지 은을 지불해야 차 구입이 가능했다. 그래서 막대한 무역 적자가 발생했는데 이는 매우 심각한 문제였다. 동인도 회사에서는 이를 해결하기 위한 방편으로 아편을 생각해 냈다. 인도에서 재배된 아편을 청나라에 팔고 차를 구입해 오는 방법이었다. 중독성이 강한 아편은 광둥성 등 남부 지역을 중심으로 차츰 전국으로 퍼져 나갔는데 1839년 무렵에는 무려 4만 상자가 판매되었다.

역사상 가장 더럽고
치졸한 전쟁

이렇게 되자 차를 구입하기 위해 영국에서 청나라로 유입되던 은의 흐름이 아편 거래로 인해 청에서 영국으로 유출되는 방향으로 바뀌었다. 이는 청나라에 두 가지 문제를 야기했다. 첫 번째는 아편 중독이라는 국민의 보건 문제였고 두 번째는 은으로 지칭되는 화폐 부족의 문제였다. 청 정부에서는 아편 금지령을 내리고 판매자와 흡연자에 대해 대대적 단속을 벌였다. 하지만 단속이 심해질수록 밀무역 형태로 아편의 거래가 증가했고 이를 단속해야 할 청나라 관리들까지 아편에 중독되니 아편 금지령은 유명무실해졌다.

청의 도광제는 아편 문제를 더 이상 방치할 수 없다고 보고 임칙서를 흠차 대신으로 임명해 광주에 파견했다. 거기서 임칙서는 상인들을 압박해 아편 2만 상자를 몰수했고 상인들은 홍콩이란 작은 섬으로 쫓겨나야 했다. 그러자 자금을 댄 영국의 산업 자본가들이 "청나라가 무역의 자유를 침해하고 사유 재산을 몰수했다"고 비난하며 정부와 의회에 압력을 가했다. 이에 영국 의회에서 1840년 4월 파병을 위한 군사비 지출을 승인하는 의회 투표를 하게 되었다. 이로써 본격적인 아편 전쟁이 시작된다.

이 전쟁은 두 차례에 걸쳐 진행되었다. 제1차 아편 전쟁은 1839년에 시작해 1842년 8월 난징 조약에 의해 끝나게 된다. 제2차 아편 전쟁은 1856년부터 1860년까지 5년에 걸쳐 진행되었다. 영국과 청나라 간 두 차례 대결에서 영국이 모두 승리를 거두었는데, 이런 결과가 빚어진 것은 두 나라 군대의 질적 차이에 있었다. 1839년 11월 임칙서가 흠차 대신으로 있었을 당시 천비 해전이 벌어졌다. 영국 군함은 단 두 척뿐인데 비해 청나라 군함은 무려 29척이나 되었다. 이렇게 엄청난 수의 차이가 남에도 청나라 군함 22척이 대파되었고 4척이 침몰했다. 청나라 군함은 모두 범선이었지만 영국 군함은 철제 증기선이었기에 이런 결과가 초래한 것이다.

1841년 8월, 의회의 승인을 얻은 헨리 포팅거가 이끄는 영국 해군이 양자강을 거슬러 항해해 진강에 도달했다. 양자강 하류에서 남경으로 들어가는 진강은 남북의 대운하가 교차하는 지점의 요충지였다. 남부의 물산이 대운하를 통해 수도 북경으로 가는 것을 막으려는 의도였다. 여기서도 두 나라가 가진 군대의 질적 차이가 드러났는데, 강력한 화력을 가진 영국 해군은 진강 수비군 1,400명이 모두 전사하도록 만들었다. 결국 청나라 정부는 영국과 강화를 결심할 수밖에 없었고 남경에 정박한 영국 군함 콘월리스호에서 제1차 아편 전쟁을 끝내는 남경 조약이 체결되었다. 남경 조약의 주 내용은 '광주, 하문, 복주, 영파, 상해 5개 항구의 개항'이었고 '홍콩의 할양'이 포함되었다.

역사상 선의로 하는 전쟁은 없지만 아편을 잘 팔기 위한 전쟁만큼 치졸한 것도 없다. 물론 영국만 그런 것은 아니다. 많은 제국이 자신들의 이익을 위해 다른 나라를 공격하는 것은 지극히 자연스러운 일이었으니 말이다. 어쩌면 영국으로서는 이 전쟁이 일어나기를 기다렸을 것이다. 우세한 무기와 증기로 구동하는 신예 철갑 군함을 가진 영국은 승리가 보장되어 있었고, 막대한 전쟁 배상금이 기대되었기 때문이다. 난징 조약에서는 아편에 대한 언급은 하지 않았지만 이는 영국 상인들이 자유롭게 아편을 판매할 수 있다는 의미이기도 했다. 상품에 대해 5퍼센트의 관세만 지불하면 종류와 수량을 막론하고 청에 판매할 수 있다는 결정이 포함되어 있었기 때문이다.

신사의 나라라고 불리는 영국이 아편 전쟁을 벌였고 예술의 나라 프랑스가 아프리카 여러 나라를 착취했던 제국주의를 말하지 못하면 현 시대를 제대로 이해하는 것이 불가능하다. 지구상 여러 곳에서 일어나고 있는 전쟁, 강대국이 약소국을 향해 벌이는 제국주의의 움직임은 변함이 없다. 비록 내가 살고 있는 땅에서는 포탄이 오고가는 열전은 일어나지 않았지만 눈에 보이지 않는 정치와 경제 전쟁은 여전하다. 그러니 내 주변에 일어나는 소소한 이야기들, 국내의 정치적 사건에만 관심을 둘 게 아니라 더 넓은 세상을 지켜볼 필요가 있다. 언제든 자신에게 유리한 아편을 들고 싸움을 벌이겠다는 세력들이 찾아올지 모르기 때문이다.

이유 없이
하지 마라

발라크라바 전투
서기 1854년

"경기병 여단 전진!"

당혹해하는 자가 있었을까?

비록 병사들은 몰랐지만

머뭇거린 자들이 있긴 했다.

그들은 항의하지 않았다.

그들은 왜냐고 묻지도 않았다.

하지만 그들은 했고, 그리고 죽었다.

600명이 죽음의 계곡으로 달려갔다.

-앨프리드 테니슨, 〈경기병대의 돌격〉

크림 전쟁은 러시아가 오스만 제국, 프랑스, 영국, 그리고 사르데냐 왕국이 결성한 동맹국과의 다툼에서 패배한 사건이다. 이 전쟁의 촉발 원인은 오스만 제국의 영토였던 예루살렘에 거주하는 소수 기독교도의 권리와 관련 있었지만 크게 보면 오스만 제국의 쇠퇴와 더불어 지속적으로 확장하는 러시아에 대한 영국과 프랑스의 견제에 있었다.

초반전에서는 러시아가 시노프 해전에서 오스만 해군을 궤멸했다. 이에 오스만 제국이 몰락할 것을 우려한 영국과 프랑스는 함대를 에게해와 보스포루스 해협을 거쳐 흑해로 진입시켜 러시아 항구들을 공략하는 작전을 시행했다. 그중에서 흑해 최대의 항구인 크림반도의 세바스토폴은 전략적 중요 목표였다. 1854년 9월 중순, 영국, 프랑스, 오스만 혼성군으로 구성된 7만의 연합군은 크림반도에 상륙했고 10월에는 세바스토폴을 포위하는 데 성공했다.

이어 장기간의 포위전을 위한 보급항 확보에 나섰다. 세바스토폴에서 남동쪽으로 10여 킬로미터 떨어진 작은 항구 발라크라바였다. 이곳에서 항구를 방어하던 연합군과 러시아 간에 치열한 대결이 벌어졌는데 인류 역사상 손에 꼽을 정도로 유명한 '경기병 여단의 돌격' 사건이다. 여기서 유명하다는 의미는 지휘관의 무능과 소통의 부재가 얼마나 병사들의 목숨을 허무하게 빼앗는가 하는 대표 사례였다.

전통적으로 영국에서 군의 요직은 귀족 작위가 높은 이들이 차지하고 있었다. 장군이나 장교가 되기 위해서는 능력과 경험보다는 귀족인가 아닌가, 또는 전쟁을 위해 돈을 얼마나 지불할 수 있는가가 관건이었다. 발라크라바에 배치된 영국군 총사령관 래글턴 백작, 기병대 사령관 루컨 백작, 경기병대 사령관 카디건 백작도 모두 그런 이들이었다.

무지한 지시와 무조건 복종이 만든 코미디

전투는 10월 25일 아침 6시경 러시아군이 동쪽으로부터 코즈웨이 고지에 공격을 가하면서 시작되었다. 이 공격은 성공적으로 이루어져, 8시경에는 고지의 절반 이상이 러시아군에 넘어갔다. 그리고 이곳에 배치되었던 튀르크군은 모두 달아났다. 고지를 성공적으로 점령한 러시아군은 이제 남쪽으로 눈을 돌렸다. 그들은 9시경 2,000에서 3,000명의 대규모 기병 부대를 증원하여 남쪽 계곡을 공격해 항구와 영국군의 본진을 분리하고자 시도했다.

이곳의 총사령관으로서 고지에서 전장을 내려 보던 래글턴은 급하게 기병대에 첫 번째 명령서를 내려 보냈다. 거기에는 이렇게 쓰여 있었다.

"기병대는 튀르크군이 점유하고 있던 보루의 두 번째 줄 왼쪽에 위치하라."

이 명령을 받은 기병대 사령관 루컨 백작은 황당할 수밖에 없었다. 보루를 지키던 튀르크군은 이미 사라진 지 오래였고, 기병대가 지키던 곳은 항구로 통하는 길목이었던 것이다. 하지만 루컨은 상관의 명령에 의심하지 않고 중요한 길목을 버리고 이동했다. 그러자 러시아군은 기병 4,000명을 보내 비어 있던 그곳을 차지해 버렸다.

래글턴은 이어서 두 번째 명령서를 보냈다.

"발라크라바 방면으로 8개의 중기병 중대를 차출해서 흔들리고 있는 튀르크군을 지원하라."

코즈웨이 고지에서 저항하고 있는 튀르크군과 협력해 보루를 탈환하라는 의도였겠지만 튀르크군은 이미 도망친 뒤였다. 하지만 명령을 받은 루컨 백작은 이 역시 충실히 이행했다. 이로써 소수만 남은 영국 중기병대는 몇 배의 러시아 기병대를 맞서야 했다. 그러나 놀랍게도 제임스 스칼렛 장군이 이끄는 중기병대는 수적 열세임에도 불구하고 과감하게 맞돌격을 감행해 러시아 기병대를 격퇴했다. 이를 본 경기병대의 장교들은 그들의 지휘관 카디건 백작에게 이 기회를 놓치지 말고 중기병대와 협력해야 한다고 건의했다. 하지만 카디건 백작은 자신이 받은 명령이 없다는 이유로 이를 거부했다.

사령관 래글턴이 내린 명령 중에 제일 황당했던 것은 경기병대를 향해 러시아군 대포가 늘어서 있는 곳을 향해 공격하라는 것이었다. 물론 이는 잘못된 것이었고 이를 충실히 이행한 기병대의 대부분이 사망으로 이어지지만 멀리 떨어져 있던 명령자와 현장 사령관 간의 소통이 제대로 되지 않았던 탓이었다. 일선 지휘관도 나름 소신이 있고 어느 정도 재량권을 갖고 있었다면 임기응변으로 대처할 수 있었을 것이다. 하지만 영국군 지휘관 누구 하나도 문제가 있는 명령에 대해 의문을 제기하거나 반대 혹은 개선을 시도하지 않았다. 이 전투에서 살아남은 영국 기병들은 700여 명 중 194명뿐이었고 그들도 상당수는 상처가 악화되어 죽었다.

이렇게 황당한 전투가 지속되던 발라클라바 전투는 영국의 승리로 일단락되었는데 그 이유는 러시아군의 무능함도 이에 못지않았기 때문이다. 발라클라바 전투뿐만 아니라 다음 해 세바스토폴 함락 때까지 전투에서 사망한 병사보다 질병과 동상으로 죽은 이가 더 많았다는 사실이다. 전술 운영 능력뿐만 아니라 위생, 보급과 같은 병참에서도 양측은 부실함 그 자체였던 것이다.

발라크라바 전투는 무능한 리더가 지휘하는 조직이 얼마나 허망하게 망가지는지를 보여 주는 대표적 사례다. 현장의 사정은 현장에 있는 지휘관이 가장 잘 안다. 그런데 때론 멀리 떨어져 있는 군주가 현지 사정을 모른 채 명령을 내리는 경우가 있다. 이런 때에는 어떻게 해야 하는가? 총사령관 래글턴은 현장에서 멀리 떨어진 곳에서 적절하지 않은 명령을 내렸다. 그런데 이 명령을 받은 루컨이나 카디건 경은 자신의 부대가 위험에 빠짐에도 불구하고 총사령관의 명령이라고 곧이곧대로 이행했다. 전형적인 책임 회피적 행동이며 잘못될 경우 그들은 명령대로 했을 뿐이라고 구실을 대려 했을 것이다. 이들은 리더이기를 포기했다고 말할 수 있다.

어설프게 실천하기 전에
확실하게 이해하라

로이텐 전투

서기 1757년

> 로이텐 전투는 기동과 결단이 낳은 걸작품이다. 로이텐 전투 하나만으로도 프리드리히에게 불멸의 명예와 명장의 칭호를 부여하기에 충분하다.
>
> - 나폴레옹 보나파르트

1757년 12월 5일 프리드리히 2세 대왕이 이끄는 프로이센군은 슐레지엔의 로이텐에서 오스트리아에 완승을 거두었다. 적은 병력에도 불구하고 프리드리히의 뛰어난 통찰력과 결단력에 힘입었고 이로써 프로이센은 슐레지엔에 대한 지배권을 확고히 했다. 당시 프로이센군의 병력은 3만 6,000명, 오스트리아군은 그 2배가 넘는 8만 명이었기에 전황은 프로이센에 절대적으로 불리했다. 게다가 오스트리아군은 언덕 위에 길게 대형을 펼치고 있었고 전술학적으로 고지를 공격하는 측은 수비군의 5배에 달하는 병력이 필요했다. 즉 8만의 오스트리아 군을 이기려면 적어도 40만이 필요하지만 프로이센은 그렇지 못했다는 이야기다. 그렇다면 프리드리히는 어떻게 불리한 전황을 극복하고 승리를 거둘 수 있었을까?

1740년에 프리드리히 2세가 황제에 즉위했을 당시 프로이센은 오스트리아, 프랑스, 러시아를 적으로 두고 있었다. 이웃한 세 나라의 인구를 합치면 프로이센의 15배가 넘었으며 영국은 동맹국이었지만 바다 건너에 있었고 해상 무역과 식민지 관리에 전념 중이어서 프로이센을 군사적으로 도울 수 없었다. 따라서 프리드리히는 적극적인 대외 전략만이 나라의 안전을 보장할 수 있다고 생각했다. 적이 연합하여 공격해 올 때까지 기다리는 것은 멸망을 자초하는 길이었기에 신속하게 군대를 기동시켜 하나씩 공격하는 작전을 폈다. 우선 그해 12월 오스트리아의 왕위 계승 분쟁에 군대를 파견해 간섭하고 슐레지엔을 차지했다.

그로부터 15년 후 오스트리아의 마리아 테레지아는 러시아, 프랑스와 결탁해 슐레지엔 탈환을 노렸다. 이에 프리드리히는 선제공격을 감행, 7만의 군대를 이끌고 작센 공국을 침공했다. 이로써 7년 전쟁이 시작되었다. 1757년 프라하에서 오스트리아군을 물리쳤으나 그 후에는 훨씬 강력한 군대를 만나 여러 번 패했으며 가장 약하다고 여겼던 러시아와의 전투에서도 패했다. 이때의 프로이센은 언제 나라가 망한다고 해도 이상하지 않을 정도로 풍전등화였다. 그 어려운 상황에 몰린 프로이센과 프리드리히를 살려 준 사건이 바로 로이텐 전투의 승리다.

프리드리히의 통찰력과 결단력의 걸작품

그해 12월, 3만 6,000의 병력과 대포 167문을 가진 프로이센군은 8만 병력과 대포 210문을 가진 오스트리아군을 로이텐 부근에서 만나게 되었다. 당시 그 지역은 구릉 지대였고 오스트리아군이 구릉의 높은 곳에 길게 대형을 갖추고 있었다. 이런 때 정면 대결이라는 평범한 전법을 쓰게 되면 세력이 약한 부대는 필패할 수밖에 없는 법이다. 프리드리히는 기원전 4세기 테베의 장군 에파미논다스가 썼던 사선 전법을 떠올렸다. 대형의 한쪽은 약한 부대를 배치하되 적의 주력을 묶어 두고, 강하고 기동력이 뛰어난 부대를 이동시켜 신속 과감하게 적을 공격하는 전법이다. 그러다 때가 되면 고착 견제하던 한쪽 날개도 동시에 공격으로 전환하여 적을 포위 섬멸을 노리는 것이다.

프리드리히는 이 전법대로 휘하의 기병대에게 보르나 마을에 돌격을 가했고 오스트리아군의 우익과 맞서게 했다. 이러한 움직임은 프로이센군이 오스트리아군의 오른쪽 측면 공격을 준비하는 것으로 보이게 했다. 곧이어 프리드리히는 자신의 정예 보병대와 함께 오스트리아군의 좌측 종대가 있는 로이텐과 자그슈츠 사이의 구릉지로 몰래 이동했다. 오스트리아군 사령관 로트링겐 공 카를 알렉산더는 교회의 첨탑 위에 있었지만 아무것도 보지 못하고 프로이센군이 우익을 공격할 것이라 판단하여 기병대를 우익으로 보냈다. 이로 인해 오스트리아군의 좌익은 약화되었다. 그는 이 사태를 전혀 모르고 있었다. 프로이센의 주력 부대가 약해진 오스트리아군의 좌익을 공격하기 위해 대형을 준비하고 있다는 사실을.

오후 1시경, 베델 장군이 이끄는 프로이센 보병 대대가 대포 6문의 지원을 받으며 오스트리아군 좌익을 몰아붙이기 시작했고, 그 뒤를 모리츠 폰 안할트 장군이 6개 보병 대대를 이끌고 엄호 공세를 개시했다. 결국 오스트리아군 좌익은 완전히 무너져 무수한 시체를 남기고 패주했고 로베틴츠와 자그쉬츠 사이 지역에서는 오스트리아군 도망병들로 넘쳐 났다. 프로이센 경기 병대는 도망치는 적을 추격해 무자비한 살육을 자행했다.

프리드리히 2세는 전쟁터에 총이 등장하면서 병사들이 무거운 갑옷을 벗게 되었고, 그로 인해 대형 변경이 용이해짐을 간파했다. 따라서 그에 적합한 측면 공격 전술을 개발하여 군사들을 훈련시키며 실전을 대비했고, 결과는 기적 같은 승리였다. 시대 변화를 예리하게 파악하여 그에 적합한 전략을 준비하고, 이를 과감하게 실행한 프리드리히 2세의 통찰력과 결단력이 있었다.

프리드리히 2세가 남과 다른 전략을 구사하여 승리를 거두게 된 가장 결정적 이유는 그가 지독한 학습자였다는 사실이다. 참모 한 사람이 대왕에게 물었다.

"폐하 같은 훌륭한 전략가가 되려면 어떻게 해야 할까요?"

대왕은 전쟁사를 열심히 연구하라고 말했다. 그러자 참모가 "이론보다 수많은 실전 경험을 쌓아야 하는 거 아닐까요?"라고 재차 질문하자 대왕은 이렇게 말했다.

"우리 부대에는 60회 이상 전쟁을 치른 노새가 있지. 하지만 아직도 노새라네."

즉 전략가가 되려면 현장에서 같은 경험만 반복해 추구할 것이 아니라 학습을 통해 전략의 핵심과 묘리를 찾으라는 것이다. 강병을 육성하는 데는 어설픈 실천보다 체계적이고 철저한 이론 공부의 중요성을 설파하는데 종종 인용되는 사례다.

자존심을
건드려라

보불 전쟁
서기 1870~1871년

독일이 착안해야 할 것은 프로이센의 자유주의가 아니라 군비인 것이다.
지금의 문제는 언론이나 다수결에 의해서가 아니라 오로지 철과 피, 곧 병
기와 병력에 의해서만 해결할 수 있다.

-비스마르크, 독일 제국 수상

오랫동안 분열 상태였던 독일어권이 하나의 제국으로 등장하는 과
정에서 발생한 중요한 사건 하나가 보불 전쟁이다. 변방에서 출발한
프로이센은 세력을 확장해 강력한 경쟁자였던 오스트리아를 보오 전
쟁을 통해 축출했다. 하지만 아직은 마인강 북부만의 통일이었고 남
부의 바이에른, 바덴, 뷔르템베르크에 대해서는 불완전했다. 더 큰 걸

림돌은 이웃 나라 프랑스였다. 룩셈부르크 분쟁 등으로 갈등을 빚던 프로이센의 비스마르크는 프랑스를 굴복시켜야 통일이 가능할 것이라 판단했고, 이런 목적으로 일으킨 사건이 바로 보불 전쟁이다. 이 전쟁은 1871년 1월, 파리 교외에 위치한 베르사유 궁전 거울의 방에서 독일 제국의 성립을 선포하고 프로이센 국왕이었던 빌헬름 1세가 초대 독일 황제로 추대되는 것으로 마무리되었다.

1852년 프랑스 제2제국 초대 황제에 등극한 나폴레옹 3세(나폴레옹 보나파르트의 조카)는 치세 동안 뛰어난 내치 능력으로 상당한 인기를 얻었다. 대외적으로는 전 지구적 식민 활동으로 해외 영토를 넓혔다. 하지만 치세 후반기에 이르러 정치적 위기가 왔는데 이웃 프로이센으로 인해서였다. 프로이센이 보오 전쟁을 통해 팽창하자 프랑스인들은 더 강력한 프랑스가 되라고 황제에 요구했다. 보오 전쟁의 승리와 남부 지역의 협력을 통해 안정적 세력권을 확보한 프로이센, 대외 팽창 과정에서 대륙의 주도권을 쥐려고 했던 프랑스 간의 충돌은 방아쇠를 당길 결정적 사건만이 남아 있었다.

힘만 과시한 프랑스와 실리를 챙긴 프로이센

그 사건은 1868년 발생한 스페인 왕위 계승 문제로부터였다. 여왕 이사벨 2세가 혁명으로 쫓겨나자 빌헬름 1세의 친척인 호엔촐레른 가

문의 레오폴트 왕자가 스페인 왕의 적격자로 떠올랐다. 만약 이렇게 된다면 스페인은 프로이센의 속국이나 다름없게 되는 셈이다. 이를 용납할 수 없었던 나폴레옹 3세는 전쟁도 불사한다며 반대했고, 결국 레오폴트가 왕위를 사양하면서 별 일 없이 사건이 끝날 듯 보였다. 이 때 나폴레옹 3세는 두 번 다시 이러한 일이 나오지 않도록 문서로써 보장을 요구했다. 주 프로이센 프랑스 대사가 빌헬름 1세와 만나 이를 전달했는데, 이때 빌헬름 1세는 이러한 과도한 요구는 받아들일 수 없다며 단호히 거절했다.

비스마르크는 지금이 프랑스와 전쟁을 일으킬 최적의 기회이자 가장 유리한 타이밍이며 승리를 거둘 수 있는 최고의 기회라고 여겼다. 그래서 논란이 될 만한 적절한 정치적 사건이 필요했는데 마침 레오폴트와 관련한 일이 전쟁의 시발점이 되기에 충분했다. 그는 프랑스 대사와 빌헬름 1세 간의 대화 내용을 의도적으로 과하게 축약해 언론에 흘렸다. 이것을 접한 프랑스인들은 자국 외교관이 모욕당했다고 생각했고 프랑스 언론의 과도한 반응까지 섞어 다혈질의 프랑스인을 격분하게 만들었다. 프랑스인은 거리를 행진하며 전쟁을 외쳤는데 이것이 '엠스 전보 사건'이다.

1870년 7월 19일 나폴레옹 3세는 국민의 요구대로 프로이센에 선전포고했다. 언제든 전쟁을 치를 준비가 되어 있던 프로이센에 비해 프랑스는 아무런 대비가 되어 있지 않았는데도 말이다. 이 모든 것은 비스마르크가 기획한 대로였다. 이 전쟁은 시작부터 승패가 결정되어 있었다. 국경에 집결된 프로이센군은 46만 명, 프랑스군은 27만 명이었다. 게다가 프로이센군은 보오 전쟁을 치러 경험이 풍부했고 철도통신 등 인프라가 완비되어 효율적 지원 체계도 준비되어 있었다. 반면 프랑스군은 아직 군제 개편이 끝나지 않아 원하는 규모의 동원이 어려운 상태였다.

프랑스군은 호기롭게 프로이센 국경을 넘었으나 프로이센군은 완벽히 받아칠 준비가 돼 있었다. 전쟁이 일어나자 무려 13만의 프랑스군 병력이 메츠 요새에 포위되는 대참사가 벌어졌고, 이들을 구원하고자 나폴레옹 3세가 이끄는 프랑스 주력군까지 나섰으나 결국 실패했다. 후퇴한 프랑스 주력군은 스당 요새로 향했으나 프로이센군이 이를 포위했다. 몇 주간 공방전이 이어졌지만 세 방향에서 쏟아지는 프로이센군의 포화에 결국 항복할 수밖에 없었고 나폴레옹 3세가 포로가 되었다. 전쟁을 선포한 지 불과 몇 주 밖에 걸리지 않은 처참한 패전이었다.

곧바로 프랑스에서는 혁명이 일어나 국민방위정부가 이끄는 공화정이 선포되었고 프로이센에 대한 항전을 결의했다. 그러자 진격한 프로이센군은 수도 파리를 포위했고 4개월간 지속된 포위전을 견디지 못한 공화정부는 항복해 전쟁이 끝났다. 그리고 루이 14세가 전 유럽에 본인의 힘을 과시하기 위해 건축했던 베르사유 궁전의 화려한 거울의 방에서 빌헬름 1세는 신성 로마 제국에 이은 독일 제2제국의 탄생을 선포했다. 오토 1세로부터 시작한 신성 로마 제국은 허울뿐이었지만 독일 제국은 독일어권을 통일한 실존 제국이었다. 이후 파리에서는 두 달의 파리 코뮌 사건이 있었고 피의 강이 흘렀다. 대혁명과 나폴레옹을 겪으며 '위대한 프랑스'를 맛봤던 프랑스인들은 충격과 분노에 휩싸여 프로이센을 향한 복수심을 키운다. 이후 한 세기 동안 전 세계를 흔들 프랑스와 독일 간의 라이벌 관계의 서막이었다.

이 전쟁은 욕심만 앞세우고 준비되지 않은 전쟁을 치른다는 것이 얼마나 허망한 결과를 얻는지를 보여 준다. 어떤 젊은이가 창업을 고민하고 있을 때 누군가는 무조건 할 수 있다며 격려해 줄 수 있다. 하지만 여기에는 상당한 위험이 내포되어 있다. 사업이 무엇인지, 어떤 상품을 팔 것인지, 어떤 강점을 갖고 있는지도 제대로 파악하지 않고 무조건 첫 발을 뗀다면 그의 인생은 고난으로부터 시작할 가능성이 상당히 높다.

모든 일에는 반드시 알고 있어야 제대로 하는 방법론이 있고 적절한 때가 있는 법이다. 아문젠과 스코트가 남극점을 첫 방문하는 경쟁을 하고 있었을 때 아문젠은 남극의 상황을 제대로 파악하고 훈련된 개썰매를 준비했던 반면 스코트는 추위에 약한 말들을 짐 끄는 데 활용했다. 그 결과는 아문젠은 남극 도착 후 무사히 돌아온 반면 스코트는 남극의 얼음 속에 묻혔다. 알량한 자존심보다는 충분한 시간과 제대로 된 준비 과정이 필요하다는 점이 중요하다.

아직 도전하지 않았을 뿐
못할 것은 없다

아카바 침투 작전
서기 1918년

사막은 사실 뜨겁지만 뜨겁다고 생각하지 않는 거야. 지옥과 같은 네푸드 사막을 넘어서 불의의 습격을 하면 난공불락의 아카바로 진격해서 승리를 할 수 있어.

-로렌스, 영화 〈아라비아의 로렌스〉의 대사 중 일부

    제1차 세계 대전의 방향을 바꾼 인물의 하나로 아라비아의 로렌스라는 별명으로 불린 인물이 있다. 그는 오스만 제국에 맞서 아랍인들을 이끌고 거친 사막을 가로질러 홍해에 있는 아카바 항구를 점령했다. 이로써 오스만 제국은 전략상 큰 타격을 입었으며 오스만 제국에 비해 시종 열세였던 영국군에게 승기를 가져다줄 수 있었다. 그 누구도 예상하지 못했던 죽음의 사막을 돌파한 것은 그의 용기와 탁월한 지략 때문이었다.

영국 웨일즈에서 태어난 로렌스는 어려서부터 역사에 관심이 많았고 역사학을 공부하기 위해 옥스퍼드대학에 진학했다. 현재의 이스라엘과 레바논 지역을 포함하는 레반트 지역은 오랫동안 오스만 제국의 영토였고, 기독교와 이슬람의 탄생지였다. 로렌스는 십자군 전쟁에 관심을 두게 되어 이 지역의 언어를 익히고자 노력했다. 아랍어를 잘하기 위해 레바논의 학교에 입학했고, 이곳에서 고고학 발굴단에 참여하게 된다.

아라비아 로렌스의 마음을 얻는 법

당시 유럽에는 전쟁 분위기가 감지되고 있었다. 독일 제국과 오스트리아, 그리고 오스만 제국이 한편이 되고 영국과 프랑스, 러시아가 또 한편이 되어 서로의 이익을 위해 견제하는 중이었다. 이집트에 거점을 두고 있던 영국 정부는 오스만 제국의 위협을 저지하려 애썼다.

1913년 겨울, 로렌스는 시나이 사막을 통과하는 여행을 했다. 겉으로는 이곳에 있던 고고학 유적들을 탐사한다는 목적을 내세웠지만 실상은 영국 정부의 지시로 수에즈 운하를 위협하는 오스만 제국군 동향을 파악하려는 목적이었다. 덕분에 그는 시나이 사막과 주변 지역

동향을 꿰뚫어 보는 눈을 키울 수 있었다.

1914년 7월, 예상대로 세계 대전이 발발하자 로렌스는 이집트 카이로에 있는 육군 정보부에 파견되었다. 그리고 아랍 부족장 파이잘을 만나러 사막으로 갔다. 그는 파이잘에게 영국군이 지원을 할 것이고 전쟁이 끝나면 독립 국가를 세울 수 있도록 협력을 약속했다. 협상은 잘 진행했으나 파이잘의 부하들은 그를 믿지 못했다. 그래서 그는 아랍 왕족처럼 보이는 옷으로 갈아입었고 아랍어로만 말하고 아랍 음식만 먹었다. 항상 아랍인처럼 낙타를 타고 맨발로 다니며 아랍인처럼 바닥에서 자고 아랍인처럼 행동했다. 그의 이런 행동은 아랍인으로부터 존경을 얻었고 그들의 일원이 될 수 있었다.

먼저 그는 아랍 전사들의 욕구를 채우는 일부터 했다. 영국군으로부터 총과 탄약을 지원받아 그들을 무장시킨 후 철로를 공격하기 시작했다. 오스만 제국은 다마스커스에서 메디나로 병력과 군수품을 철도를 이용하여 수송했는데, 이를 공격해서 전과를 올렸다. 아랍 병사들은 로렌스가 지불하는 금화를 좋아하게 되었고, 그들이 습격해서 얻는 돈, 음식, 총, 카펫 등의 전리품에 만족했다. 이로써 로렌스는 아랍인들을 영국 편에 확실히 서게 만들 수 있었다.

로렌스가 바라본 아랍 전쟁 전략으로 볼 때 오스만 제국 철도를 공격하는 건 연습에 불과했다. 오스만 제국군의 가장 중요한 핵심 지역은 바로 홍해 연안에 있는 아카바 항구였다. 오스만 제국군으로서는 이곳은 완벽하게 요새화된 항구여서 바다로부터 오는 어떤 공격으로부터 격퇴할 수 있었기에 안전하다고 여겼다. 반면에 아카바와 아랍군 사이에는 수백 마일 사막이 있기 때문에 육상 공격은 불가능하다고 봤다. 로렌스는 오스만 제국군의 이런 생각을 잘 알고 있었기 때문에 아랍인들과 함께 이 불가능한 일을 해 보기로 결정했다. 이 전투가 바로 유명한 아카바 침투 작전이다.

그곳은 중간에 오아시스를 만나기 어려운 죽음의 사막이 있었다. 로렌스와 아랍인 500여 명은 각자 물 가방과 거친 빵을 만들 밀가루를 지참하고 사막을 건너기 시작했다. 중도에 아바 엘 키산이라 불리는 오스만 제국군 진지를 만나 그곳을 공격해 보급품을 확보했다. 점점 자신감이 붙은 그들에게 주변에서 살던 아랍인이 합세했고, 아카바 요새에 도달했을 때에는 약 1,000명의 병사가 모여들었다.

그렇게 요새 성벽에 도달하자 그는 오스만 제국군과의 교전 대신 협상을 벌여 오스만 제국군의 항복을 받아 냈다. 하지만 그걸로 끝은 아니었다. 요새 안에 있던 오스만 제국군은 식량 부족에 시달리고 있던 참이었다. 로렌스는 다시 낙타에 올라 시나이 사막 400킬로미터를 건너 카이로로 가야 했다. 그는 이틀 낮 이틀 밤을 낙타 위에서 먹고 자며 카이로에 도착하여 승전을 알렸다. 이후 그는 아랍과 영국군의 영웅이자 적군인 오스만 제국으로부터는 살해 위협을 받는 중요한 인물이 되었다.

오늘날 요르단에 속한 아카바는 규모는 크지 않지만 국제적으로 매우 중요한 도시다. 요르단의 유일한 항구인 이 도시는 여러 국가와 국경을 맞대고 있는데 이웃에 이스라엘 도시 에일라트가 있고 이집트, 사우디아라비아와도 접하고 있다. 최근에는 이 지역이 새롭게 세계인의 관심을 받고 있다. 사우디아라비아가 건설하고 있는 네옴 신도시가 바로 부근에 자리하고 있어서다. 20세기 초 이 지역 전체를 오스만 제국이 영위하고 있을 때에도 그 전략적 가치는 매우 높았다. 홍해에서 팔레스타인으로 들어갈 수 있는 길목에 있는 항구였기 때문이다. 이 중요한 도시를 얻기 위해 로렌스는 이 지역 사람들의 소망을 읽었고 그들과 함께했다. 중요한 결과물을 얻고자 한다면 사람을 마음을 얻어라. 그리고 함께하라.

저지선을
지켜라

갈리폴리 전투
서기 1915~1916년

오늘은 살아남기 위하여 싸우는 것이 아니라 죽기 위하여 싸워야만 한다. 그러나 이는 개죽음이 아니다. 오늘 우리들의 죽음이 조국을 지키는 밑거름이 될 것이며 그대들 이름은 남을 것이다. 나 역시 여기에서 무너지면 제군과 같이 시체로 뒹굴고 있으리라.

-무스타파 케말 대령, 갈리폴리에서 병사들에게 연설

제1차 세계 대전이 발발하고 1년이 지난 즈음, 동맹국으로 참전한 독일 및 오스만 제국과 영국군이 중심이 되어 호주군과 뉴질랜드군으로 구성된 영연방군이 에게해에서 마르마라해로 가는 길목 갈리폴리에서 전투를 벌였다. 페르시아의 크세르크세스가 그리스를 침공하기 위해 지나고 마케도니아의 알렉산드로스가 페르시아를 정벌하기 위해 건넌 그 장소에서 세계사적 대전이 벌어진 것이다. 튀르크어로는 부근에 차낙칼레라는 도시가 있기에 차낙칼레 전투로 불리는데 쌍방 모두 막대한 희생을 치렀다. 하지만 오스만 제국을 절체절명의 위기에서 구했기 때문에 오스만의 승리로 불린다. 오늘날 이곳에는 한국 건설사가 중심이 되어 건설된 세계 최장의 현수교 '차낙칼레1915대교'가 있기도 하다.

1914년 6월 28일 일어난 사라예보 사건 이후 영국, 프랑스, 러시아 제국은 독일 제국에 대항해 전쟁을 벌이고 있었다. 그런데 러시아와 영국 간에 소통할 수 있는 항로는 오로지 오스만 제국 수도 콘스탄티니예를 지나는 다르다넬스 해협뿐이었다. 전쟁 발발 후 덴마크가 중립을 선언하고 카테가트 해협에 기뢰를 쏟아부어서 배가 지나가지 못하게 막아 버렸기 때문에 러시아 발틱 함대가 대서양으로 나올 수 없었다. 항로의 중요성을 인지한 독일 제국은 중립을 선언한 오스만 제국에 함대를 제공하는 방식으로 동맹국으로 끌어들였다. 이제 다르다넬스 해협은 독일 육군의 것이나 다름없게 되었고 독일 해군은 오스만의 함선을 이끌고 흑해의 러시아 항구를 포격했다. 이어서 흑해가 외부와 완전히 봉쇄되었다. 문제는 이 항로가 끊기면서 러시아가 외부 물자를 들어올 수 없다는 것이었다. 순수 자력으로 전쟁을 치러야 했고 영국과 프랑스도 러시아에서 식량을 들어올 수 없게 되어 미국의 지원 전까지는 허리띠를 졸라매야 했다.

주도권을 빼앗기지 않기 위한
오스만의 희생

이 상황을 타개하기 위해서는 오로지 대규모 병력의 파견을 통해 물길을 여는 수밖에 없었다. 1915년 2월, 지중해 사령관 카든 제독이 이끄는 영국 해군은 갈리폴리로 향해 해안 방어 요새를 향한 포격전을 시작했다. 그런데 해안을 지키던 오스만 제국군이 의외로 선전했다. 기뢰를 활용한 반격을 통해 연합함대 세 척을 침몰시키기도 했다.

오스만 제국군을 지휘한 사람은 독일 육군 잔더스 장군이었지만 튀르크인 병사들은 그를 잘 따르지 않았다. 무스타파 케말 대령이 잔더스의 지휘안을 잘 조율하면서 참모장 격으로 오스만 육군을 잘 다독였기에 그가 사실상 사령관이었다. 영국군의 공세가 무뎌지자 오스만 제국군은 10만 병력을 충원하고 참호를 파고 기관총을 설치하는 등 대대적으로 화력을 강화했다. 이때 무스타파 케말은 병사들 앞에서 감동적인 연설을 했다. 여기가 만약 무너진다면 제국이 무너지고 튀르크인은 노예가 될 것이라고. 그의 연설을 들은 병사들은 목숨이 다할 때까지 이곳을 지키겠노라고 맹세했다.

해군만으로는 역부족임을 절감한 영국 국방장관 키치너는 갈리폴리반도에 대한 육해군 협동 작전을 펴기로 결정했다. 4월 25일 영국군은 갈리폴리 반도 남단의 헬레스곶에, 호주·뉴질랜드군으로 구성된 앤잭 부대는 북쪽으로 약 24킬로미터 떨어진 아리부르누 등 두 곳에

7만 5,000명의 병력이 상륙했다. 문제는 갈리폴리 반도가 매우 좁은 띠 모양을 하고 있어 상륙군이 매우 불리하다는 점을 간과했다는 것이다. 해안의 폭이 좁은 곳으로 영국 육군과 해병대가 몰려오자 그들은 해안가에 포대를 설치한 튀르크 병사들의 총알받이가 되었다.

이러한 상황은 연합군이 오스만 제국군을 지나치게 얕본 결과에서도 기인했다. 오스만군의 화기를 별로 신경 쓰지 않았는데 튀르크 병사들이 어릴 적부터 총으로 늑대나 온갖 동물을 사냥해 사격 솜씨가 매우 뛰어났다는 것을 인식하지 못했던 것이다. 영국군은 병력을 끊임없이 상륙시켰지만 굳건하게 참호를 구축하고 기관총과 철조망으로 무장한 오스만군은 거세게 저항했다. '갈리폴리의 구세주'라 불리는 무스타파 케말의 탁월한 지휘와 그를 따르는 튀르크 병사들의 용맹도 돋보였다.

결국 수블라만에 상륙한 다른 연합군 부대가 적진 돌파에 실패하자 12월 1일 전 부대를 철수하면서 갈리폴리 전투가 막을 내렸다. 8개월 넘게 끈 이 전투로 연합군은 총병력 57만 가운데 25만 명이 전사 또는 부상당하고, 오스만 제국군 또한 32만 명의 병력 중 25만 명의 사상자가 발생했다.

사상자의 비율로만 보면 오스만 제국군의 희생이 더 컸다. 하지만 오스만에 대한 연합군의 공격이 이 전투로 인해 무산되었다는 사실을 보면 오스만 제국군의 승리라고 말할 수 있다. 이 전투에서 주목해야 할 것은 무스타파 케말이라는 지도자의 리더십과 병사들의 조국애라 할 있다. 만약 이 해협이 뚫렸다면 오스만 제국은 외세에 의해 수도가 점령될 수 있었다. 이런 절체절명의 시간에 케말과 병사들은 목숨을 내놓고 적과 싸웠다. 비록 상당한 숫자의 병사들이 희생되었지만 그 것으로 인해 조국은 안전했고 이후 오스만제국은 2차 세계 대전의 패전국이 되지 않을 수 있었다. 나라가 위험에 빠졌을 때 기꺼이 목숨을 내놓을 젊은이가 많은 나라의 미래는 밝을 것이다.

자신의 약점을
역이용하라

롬멜의 북아프리카 전역

서기 1941~1943년

전쟁 중에는 군사의 사기가 중요하다. 만 대의 자주포가 있다 하더라도 군
사의 사기가 저하되어 있다면 그것은 패배다.

-롬멜

'사막의 여우'라는 별명을 가진 나치의 명장 에르빈 롬멜. 전쟁사 문
외한도 그의 이름을 들어 봤을 정도로 유명한 장군이다. 그의 이름을
딴 영화가 여러 편 존재할 만큼 세계사적으로도 인기 있는 인물이며
고대의 알렉산드로스와도 같은 스토리를 지녔다. 알렉산드로스가 기
병대의 선두에 서서 다리우스를 목표로 진군했듯이 롬멜은 기갑 전차
부대를 이끌고 전격전을 이끌고 언제나 병사들과 함께했으며 그들에

게 깊은 신뢰와 인정을 받았다. 인생의 마지막은 히틀러 암살 음모 사건으로 인한 자살이었는데 이로써 전범이 아닌 영웅이 될 수 있었다.

독일이 전격적으로 폴란드를 침공하면서 제2차 세계 대전이 시작되었다. 폴란드 국경을 넘은 지 불과 20일 만에 독일은 폴란드를 병합했다. 프랑스 침공 때 롬멜은 제7기갑 사단장이 되었다. 본래 보병이었던 그는 기갑 부대에 매력을 갖게 되었고 프랑스 전선에서 기습적으로 마지노선을 돌파했다. 이때 그의 장기인 속도전이 발휘된 것이다. 이때가 1940년으로 롬멜의 나이 48세였다.

히틀러의 명령을 어긴
롬멜의 판단

그는 군인으로서 두 번의 세계 대전에 참전했지만 그의 이름값을 높인 사건은 북아프리카 전선이었다. 추축국의 일원이었던 이탈리아는 이집트 공략을 목표로 20만 대군이 이집트를 향해 진군하고 있었다. 그러나 그들은 머뭇거리며 시간을 허비했고 오코너가 지휘하는 영국군의 대반격에 휘말려 본래 이탈리아의 점령지였던 리비아를 거의 잃게 되었다. 이에 무솔리니는 히틀러에게 지원을 요청했고, 리비아를 잃은 이탈리아가 동맹에서 이탈할 것을 염려한 히틀러는 아프리카 군단을 창설했다. 그리고 믿을 만한 장수 롬멜을 임명한다.

1941년 2월 12일, 롬멜은 리비아의 트리폴리에 상륙했고 독일과 이탈리아군으로 편성된 아프리카 군단을 접수했다. 그리고 전세를 살폈다. 그가 이끄는 군단은 영국군에 비해 병력과 보급 등 모든 면에서 열세였다. 따라서 이곳에 승기를 잡으려면 자신의 장기인 전격전을 활용하면 좋겠다는 판단을 내렸다. 그는 키라아니카로 자신의 기갑 부대를 이동시켰다. 당시 영국군은 수비에 치중했는데 롬멜이 사막 전투에 경험이 없어 몇 달 정도의 적응기가 필요할 것으로 판단했다.

그런데 이를 롬멜이 역이용한 것이다. 롬멜의 기습전 앞에 영국군은 무너졌는데 겨우 2개의 기갑사단만으로 수만의 영국군을 몰아낸 것이다. 이후 토브룩 전투 등·몇 번의 승리를 거둔 후 원수로 승진했다. 하지만 롬멜이 가진 약점은 너무 명확했다. 그가 지휘하는 두 개 기갑사단이 가진 전차는 불과 150여 대인 데 비해 영국군은 전차가 1,300대, 병력만 해도 20만이었다. 따라서 적을 속이기 위해 화물차에 널빤지를 붙여 전차처럼 위장하고 모래 바람을 일으켰고, 영국군은 독일 전차 부대가 수백 대가 한꺼번에 몰려온다고 보고 혼비백산해 후퇴하기도 했다. 대공포를 장갑차에 장착해 활용하기도 했다. 그만큼 임기응변에 강하고 현실 감각이 탁월한 리더였던 것은 분명하다. 그의 별명 '사막의 여우'는 그렇게 생겨났다.

하지만 그의 조국 독일은 너무 벌여 놓은 게 많았다. 동부 전선에서는 소련과, 서부에서는 연합군과 싸워야 했다. 특히 소련 전선에서 늪에 빠져 있었기에 지중해 건너 북아프리카에 병력과 물자를 충분히 보급해 줄 수 있는 형편이 되지 못했다. 롬멜이 베를린에 병력과 전차, 군수품의 지원을 요청했지만 답신은 언제나 "더 이상의 지원은 없다. 현 위치를 고수하며 무조건 결사 항전하라"일 뿐이었다.

결국 롬멜은 철수를 결정했다. 히틀러의 명령은 무조건 끝까지 사수하는 것이었지만 그렇게 하면 수만의 병사가 목숨을 잃을 가능성이 높았다. 자신의 명예와 군인으로서의 야망을 병사들의 생명과 바꾼 것이다. 이 일로 롬멜은 히틀러에게 문책을 받았지만 그는 리더로서 역할에 충실했다. 그리고 이때부터 히틀러의 정책에 무조건 동조하지는 않았다. 그리고 1943년 3월 9일 롬멜은 독일로 소환되었다.

절대적 열세의 부대를 이끌고도 적에게 강한 위협을 준 롬멜의 힘은 병사들의 강력한 지지에 있었다. 그는 장군, 장교, 병사의 차별을 두지 않고 병사들과 똑같은 전투 식량을 먹고 똑같은 침구를 썼다. 이를 통해 무한한 신뢰를 얻었는데 다만 장교들에게는 매우 엄한 리더였다. 그들은 승리를 위해서라면 적을 두려워하지 말고 돌격하라는 명령을 끊임없이 들어야 했다.

에르빈 롬멜은 히틀러 시대의 군인이었음에도 존경받는 인물이 되었다. 그가 나치 독일의 정치적인 성향과는 거리가 먼 사람이었고 히틀러와의 갈등으로 인해 자살했기 때문이다. 만약 그가 자살하지 않고 살아남았다면 다른 이들처럼 전범 재판에서 사형 선고를 받을 수도 있었다. 결국 그의 삶과 업적은 정치성을 배제하고 오로지 뛰어난 군사 전략과 따뜻한 리더십을 가진 이로 평가받을 수 있었다.

자기 분야에서 최고가 돼라

연합군의 이탈리아 진공
서기 1943년

"현재 위치 확보하고 있음."

이런 보고는 내게 할 생각을 마라! 우리는 지키지 않고 독일 놈들이 그렇게 하게 만들 것이다. 우린 계속해서 진격 또 진격한다. 적군의 코를 꽉 잡아서 알겠나? 엉덩이를 걷어차 주는 거야!

-패튼, 2차 대전에 참가하며

제2차 세계 대전 영웅 패튼은 전략적 침투의 명수였다. 그의 삶은 영화로도 제작되었는데 영화의 한 장면에 등장한 패튼은 특유의 쾌활하고 호방한 성품을 잘 보여 주었다. 그는 1943년 7월 시칠리아 상륙 작전에 투입되어 빠른 속도로 섬을 점령해 나갔고 그로부터 연합군은 전쟁의 승기를 잡을 수 있었다. 미국 캘리포니아 산 가브리엘에서 태어난 패튼은 어릴 적부터 군인이 되기를 희망해 육군 사관 학교를 졸업했다. 그런데 멋진 군인에 대한 영웅 심리는 있었지만 학습 능력에 문제가 있고 독서 능력도 다른 학생들에 비해 뒤쳐졌다고 한다. 하지만 그는 평소 유쾌한 성격과 자신감에 차 있어 자신을 카르타고 영웅 한니발에 비유하곤 했다.

제1차 세계 대전이 벌어지자 패튼은 대위로 승진해 전차 부대 지휘관으로 참전했다. 이때부터 전차 부대와 인연이 시작되었다. 전쟁이 끝나고도 그의 관심은 전차 부대 육성과 전법에 있었다. 하지만 당시에는 전차전에 대한 인식이 부족해 발전이 없었다. 대통령에게 전차전에 대한 지원을 요청했지만 그때마다 허락이 내려오지 않았다. 하지만 2차 대전에서 독일이 기갑 부대를 활용해 전격적으로 폴란드를 침공하자 미국에서도 기갑 부대의 필요성이 절실해졌다. 결국 패튼이 책임자로 임명되었고 미 육군 제2기갑사단의 소장으로 취임할 수 있었다. 다른 사람들은 관심을 두지 않는 분야였지만 꾸준히 연구를 하고 있던 때문이었다. 미래를 예상하고 미리 준비한 자에게 돌아온 영광이 아닐 수 없다.

1942년 11월이 되자 패튼이 지휘하는 제2군단은 모로코에 상륙했고 이전부터 주둔해 있던 미군들을 다그쳐 규율이 엄한 정예 군사들로 만들었다. 이때 북아프리카 전선에서는 사막의 여우 롬멜이 활약하던 시절이었는데 그들은 부족한 보급으로 인해 점차 연합군에게 밀리는 중이었다. 결국 독일이 북아프리카에서 철수하고 이곳을 정비한 연합군은 바다 건너 시칠리아 상륙 작전을 계획한다. 연합군이 시칠리아에 상륙하려는 것은 이탈리아를 무력화시켜 러시아와의 동부 전선 전황을 유리하게 이끌려는 생각과 남쪽 전선에서 유리한 고지를 점령하기 위함이었다. 독일은 이탈리아 전선에 추가 병력을 배치하기 어려운 상황이었고 전적으로 이탈리아에 맡겨 둔 것이다.

제외할 수 없었던 패튼의 실력

1943년 여름이 되자 미5군과 영국 8군이 시칠리아에 상륙했다. 이 전선에서 패튼은 몽고메리 장군의 좌측면 2차 공격을 담당했다. 이때 패튼은 진격의 속도를 높였고 시칠리아 동부에 있는 메시나까지 진격해 몽고메리를 압도한다. 이곳은 원래 영국군이 목표로 했던 지역이었는데 패튼의 과감한 돌파로 인해 선수를 빼앗긴 셈이었다. 시칠리아 점령 작전이 한창이던 중 패튼은 야전 병원에 위문을 갔는데 여기서 그 유명한 병사 구타 사건이 발생했다. 어느 병사가 침대에 누워 있는데 겉보기에 멀쩡했고 패튼은 꾀병을 부린다며 뺨을 가격했다. 당시 그 병사는 포탄 공포증으로 인해 신경 쇠약에 걸려 있는 상황이었다.

성질 급한 패튼은 나약한 병사의 전형으로 본 것이다. 전시에 지휘관이 병사의 뺨을 때린다는 게 큰 잘못은 아닐 텐데, 운 나쁘게도 종군 의사가 이 사건을 사령관 아이젠하워에 보고했고 일시에 큰 사건으로 확대되었다. 결국 이 사건으로 그는 제7군 사령관에서 물러났고 카이로에서 대기 발령 처분을 받았다.

그런데 전쟁은 능력 있는 그를 후방에 놓아 둘 수 없게 만들었다. 1944년 6월 노르망디 상륙 작전이 진행되던 중 미군 제1군단장(실제로는 존재하지 않았던 부대)으로 임명되었다. 연합군이 노르망디가 아닌 칼레로 상륙한다는 것을 독일에게 알리기 위한 기만전술의 일환이었다. 하지만 노르망디 상륙 작전이 성공하고 대륙 침투가 이어지자 전차 부대 전문가 패튼이 꼭 필요해졌다. 그는 제3군의 지휘관이 되었고 연합군 서부 지역을 담당했다.

드디어 물 만난 고기처럼 패튼은 코브라 작전에서 탁월한 전과를 올린다. 전선은 그에게 가장 먼저 돌파되었고 독일군은 본국 후방까지 후퇴할 수밖에 없었다. 그 후 패튼은 독일식 전격전을 실시해 2주 만에 1,000킬로미터를 주파했고 적의 저항을 만나면 진군을 중단하고 기동력을 살려 적 후방을 급습했다. 패튼은 독일의 거점을 무력화시키고 보급선을 차단해 독일군을 무력화하는 데 탁월한 능력을 가진 지휘관이었다.

기갑 부대 전문가로서 전쟁터의 탁월한 리더로서 패튼의 명성은 세계사적으로도 대단하다. 최신 군사 이론과 역사적 교훈을 두루 꿰고 있었을 뿐만 아니라 탱크에 대한 전문 지식은 물론 수륙 양용전에 대해서도 깊이 있는 지식을 갖추고 있었다. 자신의 역량을 유감없이 발휘할 수 있었던 시간은 그리 길지 않았지만 젊어서부터 기갑 부대의 중요성을 깨닫고 준비했기 때문에 세계 대전의 대미를 승리로 장식할 수 있었다.

패튼의 진면목은 그의 따뜻한 감성과 리더십에 있다. 비록 부하들을 견디기 힘들 정도로 몰아붙이는 경우가 많았지만 적을 쳐부술 때는 그만큼 믿음 가는 지휘관도 없었다. 거칠고 도발적이었지만 야전병원을 방문할 때마다 눈물을 글썽일 정도로 부하들을 아꼈다. 우물쭈물하지 않고 직설적으로 분명하게 자신의 의사를 전달함으로써 병사들의 자신감을 고취하는 사람이기도 했다.

패튼에게서 배울 수 있는 것을 정리해 보면 이렇다. 첫 번째는 자신에 일에 대한 전문 지식을 갖추어야 한다. 두 번째는 변화하는 미래를 내다보고 적절한 준비를 할 필요가 있다. 세 번째는 따뜻한 감성을 지닌 리더십이다. 목표 달성을 위해서라면 부하들을 냉철하게 사람을 대했지만 어려움에 처한 이들을 아끼는 마음을 지녔다.

실패는
옵션이 아니다

디엔비엔푸 전투
서기 1954년

우리 군이 디엔비엔푸를 해방시켰습니다. 정부와 저는 우리 모든 장병, 전시 근로자, 청년 의용대, 지역 주민들이 부과된 각자의 과업을 획기적으로 완수한 데 대해 경의를 표합니다. 그러나 승리는 위대하지만 이는 시작에 불과합니다.

-호치민이 보낸 승전 축하 서한

현대 베트남 역사에서 중요한 변곡점 중 하나는 1954년 봄에 있었던 디엔비엔푸 전투다. 55일 동안 벌어졌던 이 싸움이 한 세기 동안 이어 온 프랑스의 베트남 식민 통치의 숨통을 끊었다. 디엔비엔푸는 베트남 서북부 라오스 국경 인근의 깊고 아름다운 계곡이다. 이곳에서 호찌민이 이끄는 베트민은 훈련, 무기 체계, 보급 등 모든 면에서 뒤졌지만 농민 군대가 초현대식 무기로 무장한 정예군을 이길 수 있음을 보여 주었다. 하지만 역설적이게도 여기서 또 하나의 비극이 시작되었다고 할 수 있다. 프랑스 대신 새로운 외세 미국이 자리 잡기 때문이다.

제2차 세계 대전이 끝나고 많은 나라가 독립을 선언하자 베트민은 정권을 수립하고 독립을 선언했다. 하지만 오랫동안 인도차이나반도를 식민지로 삼았던 프랑스는 이를 용납할 수 없었다. 1945년 9월 프랑스는 하노이를 점령했고 그로부터 7년간 뚜렷한 승자 없는 싸움이 지속되었다.

1953년 말, 프랑스는 하노이 서북쪽 디엔비엔푸에 항공기지를 구축하고 베트민과의 결전을 준비했다. 베트민은 디엔비엔푸 기지의 약점을 알고 있었다. 비록 프랑스가 미국으로부터 받은 강력한 무기와 물자가 풍부했지만 그건 미국이 제공한 대형 수송기에 의한 보급으로 인해서였다. 만약 이를 차단할 수 있다면 베트민은 충분히 프랑스군을 이겨 낼 수 있다고 봤다. 문제는 디엔비엔푸가 육상 접근이 어려운 계곡 한가운데 세워진 기지라는 점이다. 항공 보급을 할 수 있는 프랑스의 강점이기도 하고 약점이었을 뿐만 아니라 베트민에게도 접근이 어려운 곳이었다.

베트민의 보응우옌잡 장군은 프랑스군을 물리칠 방도를 고민했다. 그건 민간인과 군인 구분 없이 총력전을 펼치는 것이었다.

조국을 지키고자 한
베트민

우선 디엔비엔푸 기지에 보급품을 수송하는 항공기를 저격할 수 있는 대공포와 기지에 포탄 세례를 퍼부을 수 있는 야포가 필요했다. 베트남에 군사 원조를 제공하는 중국 국경에서 디엔비엔푸까지는 240킬로미터나 떨어져 있었다. 중기관총, 대공포, 야포 같은 중장비들을 트럭과 우마차로 야간에 인근까지 수송한 뒤 부대원들이 장비를 분해해 짊어지고 험산 준령을 넘어 기지를 둘러싼 산 정상으로 올라갔다. 분해가 어려운 무기들은 로프로 묶어 하루에 겨우 1.5킬로미터씩 이동했다. 민간인들은 자전거를 2륜 짐차로 개조해 수백 킬로그램에 달하는 양식을 실어 나르기도 했다. 디엔비엔푸에 가까이 가서는 돌산을 깎아 대포가 올라갈 수 있는 길을 만들었다.

그렇게 준비가 되자 1954년 3월 13일, 베트민의 곡사포가 활주로를 비롯한 프랑스의 기지를 향해 불을 뿜었다. 대공포는 기지에 보급품을 나르는 항공기를 위험하게 만들었다. 프랑스군은 낙하산을 이용해 보급품을 투하했지만 대다수는 베트민이 점령한 지역에 떨어지기 일쑤였다. 이곳 디엔비엔푸는 난공불락의 기지이며 베트민은 절대 요새를 무너뜨릴 포격 능력이 없다고 큰소리친 프랑스 포병 지휘관은 병사들에게 사과하고 수류탄으로 자살하고 말았다. 공중 보급이 끊기자 프랑스군은 탄약이 부족해졌고 약품도 떨어져 부상병 치료도 제대로 하지 못했다. 이 와중에도 공수부대는 특유의 용맹을 보이며 처절하게 버티기도 했다. 하지만 애초에 베트민의 역량을 과소평가한 프랑스의 항전은 역부족이었다.

두 달이 지나 탄약, 식량, 의약품이 바닥나자 더 이상 버티지 못한 프랑스군은 항복할 수밖에 없었다. 1만 4,000여 명의 프랑스군(이들 중 70퍼센트는 비프랑스인)중 1,500에서 2,000명이 전사했고 부상자는 5,000명이 넘었다. 디엔비엔푸가 함락되고 포로로 잡힌 8,000여 명은 포로 수용소까지 이동하는 중에 절반이 목숨을 잃었다. 베트민의 손실도 적지 않았다. 전투에 투입된 약 5만의 병사 중 최소 1만 명이 전사한 것으로 알려져 있다.

약소국이라고 해서 강대국과의 싸움에서 늘 패하는 것은 아니다. 내 조국을 침략하고 유린한 강대국을 물리치기 위해서 전 국민이 똘똘 뭉치면 얼마든지 승리를 거둘 수 있는 게 전쟁이다. 물론 많은 이가 희생을 치를 수밖에 없지만 전쟁에 임하는 사람들의 정신력 차이가 크다. 프랑스군은 상당수가 돈을 받고 싸우는 용병이었지만 베트민은 조국을 지키고자 하는 군인이자 민간인이었다. 베트민의 외세를 물리치겠다는 자부심과 저력은 훗날 프랑스와는 비교할 수 없는 무력을 동원한 미국과의 전쟁에서도 승리하는 원동력이 되었다.

승리도 패배도
우리 모두의 것이다

멀리 우크라이나에서 진행 중인 전쟁 소식을 들을 때마다 우리와 직접적 관련이 없는 것 같으면서도 생각보다 관련성이 높다는 데 깜짝깜짝 놀라곤 한다. 폴란드가 우리나라 무기를 대량으로 구입했다는 긍정적 소식뿐만 아니라 현대자동차가 러시아 공장을 포기하고 헐값에 넘겨야 했다는 부정적 이야기까지 섞여 있다. 우크라이나 피난민 중 대부분이 유럽에 정착했지만 고려인 일부가 광주 고려인 마을로 들어와 머물고 있다는 소식을 들으면 고향을 떠나야 했던 그들에게 연민의 정을 느끼기까지 한다.

우크라이나뿐만 지구촌 여러 나라의 전쟁은 현재 진행형이다. 미얀마에서도 쿠데타를 주도한 군부와 미얀마 국민통합정부와의 내전 중이고 예멘에서는 2014년 이래로 내전 중이다. 그리고 나이지리아에서는 이슬람 테러 조직 보코 하람의 반란으로 인한 전쟁이 진행 중이다. 문명 사학자 윌 듀런트에 의하면 인류 역사에 기록된 3,421년 중 전쟁이 없었던 해는 268년, 7.8퍼센트에 불과하다. 좀 더 구체적인 연구 자료에 의하면 1816년부터 2009년까지 200여 년 동안 전쟁이 없었던 시점은 단 한 해도 없었다. 게다가 최근으로 올수록 전쟁의 빈도는 더 높아졌는데 그 이유는 국가 간 분쟁이 줄어들고 민족주의의 대두에 따른 내전이 증가했기 때문이다. 그러고 보니 우크라이나 러시아 전쟁만 국가 간 전쟁이고 미얀마나 예멘은 내전이다. 하긴 러시아 대통령 푸틴은 우크라이나를 침공한 것을 전쟁이라 명명하지 않고 특별 군사 작전이라 했으니 그도 내전이라 생각한 듯하다.

그렇다면 국가 간 분쟁이 줄어들고 주로 내전이 일어나는 이유는 무엇일까? 과거의 전쟁은 영토나 자원을 두고 이웃끼리 다투는 과정에서 일어났다. 서로 주고받는 대화와 타협이 잘 안 되니 싸움을 벌였고, 때로는 멀리 원정을 떠나 전리품을 얻었다. 하지만 20세기 이후 지구촌의 교역망이 활발하게 가동되면서 재화 획득을 위한 대규모 전쟁이 필요 없게 되었다. 강한 나라가 재화를 얻기 위해 이웃 나라를 군사적으로 공격할 필요 없이 경제적 이익을 얻을 방법이 많아졌다. 선진국들은 앞선 금융 시스템으로 후진국의 재화를 빼앗기도 하고 실리콘 밸리의 플랫폼 기업들은 전 세계에 빨대를 꽂아 이익을 취하기도 한다. 이제 전투기를 띄우고 함대를 보내는 국가 간 전쟁은 구시대의 산물로 간주되고 있다.

전쟁은 참혹한 결과물을 남긴다. 과거의 전쟁은 군인들이 전쟁터에서만 했지만 지금은 전면전인 경우가 많다. 이러면 막대한 재산의 피해가 발생하고 군인도 죽고 민간인도 죽는다. 《손자병법》에서는 전쟁을 치를 때에는 반드시 속전속결하라고 했다. 감당해야 할 비용이 막대할 뿐만 아니라 수많은 인명 손실을 피할 수 없어서다. 러시아의 대문호 톨스토이는 이런 말을 남겼다.

"전쟁처럼 악하고 소름 끼치는 일은 이 세상 어디에도 없다."

푸틴은 연설할 때 다양한 작품을 인용할 정도로 톨스토이의 팬이라고 하는데, 이 문장은 읽지 않았던 것일까?